王牌教师的课堂管理术

A Kit Bag for Promoting Positive Behaviour in the Classroom

27

[英] 尼古拉 S.摩根 / 吉莉安 · 埃利斯——著

刘昊——译

CNS PUBLISHING & MEDIA | 湖南人民出版社 · 长沙 ·

图书在版编目（CIP）数据

王牌教师的课堂管理术 /（英）尼古拉 S.摩根，（英）吉莉安·埃利斯著；刘昊译. —长沙：湖南人民出版社，2022.3（2025.7）
ISBN 978-7-5561-2767-2

I. ①王… II. ①尼… ②吉… ③刘… III. ①课堂教学—教学管理 IV. ①G424.21

中国版本图书馆CIP数据核字（2021）第183351号

王牌教师的课堂管理术
WANGPAI JIAOSHI DE KETANG GUANLISHU

著　　者：[英] 尼古拉 S.摩根　吉莉安·埃利斯
译　　者：刘　昊
出版统筹：陈　实
监　　制：傅钦伟
责任编辑：田　野　姚忠林
责任校对：唐雅明
封面设计：刘　哲

出版发行：湖南人民出版社 [http://www.hnppp.com]
地　　址：长沙市营盘东路3号　邮　编：410005　电　话：0731-82683357

印　　刷：长沙新湘诚印刷有限公司
版　　次：2022年3月第1版　印　次：2025年7月第6次印刷
开　　本：880mm × 1230mm　1/32　印　张：5.875
字　　数：100千字
书　　号：ISBN 978-7-5561-2767-2
定　　价：42.00元

营销电话：0731-82683348（如发现印装质量问题请与出版社调换）

目录

简介

让孩子变优秀的最佳方式是让他们快乐。

——奥斯卡·王尔德（Oscar Wilde）

在还是专职教师时，我们就遇到过许多有挑战性行为的孩子，这才发现市面上确实缺乏有效解决课堂上具体问题的图书，写这本书的灵感由此产生。

经验告诉我们，身为教师，我们可以有最好的课程规划，充足、优质的教学资源以及出色的学科知识，但如果我们没有对行为管理予以同等的重视，一切都将毫无用处。良好的行为管理需要融入课堂的日常管理当中，并从一开始就设定清晰的期望。行为管理既无法忽略也不能一蹴而就。我们需要一层一层地剥离它的外壳，直至充分理解这些行为发生的原因，然后再对症下药。我们还要认识到，孩子各不相同，一个解决方案不能包治百病。

说到这儿，你可能会想这本书的作者都有谁，我们两位作者在此进行简要的自我介绍。我叫尼古拉·S.摩根（Nicola S. Morgan），曾在各类院校工作，为教师们提供实用技巧与方案以应对最具挑战性的孩子。我对行为管理的兴趣始于我还在课堂上教书的时候。那时，我任教的学校中绝大多数的孩子都有挑战性行为，也正是那时，我认识到通过运用积极的方法可以改变这些行为。这些改变带来的最惊人的效果不仅体现在个别孩子身上，也体现在我的课堂上。通过运用积极的策略与技巧，大家营造了一个教师乐于教，学生也乐于学的地方！怀着营造类似课堂的热忱，我决定成为一名独立咨询顾问，这样我便可以向其他学校以及权威机构分享易操作并实用的行为管理策略。

我是吉莉安·埃利斯（Gillian Ellis），目前在南威尔士一所规模较大的小学担任校长。当我在我的学校遇到一些挑战性行为问题后，有人向我推荐了尼古拉。他同我一起，与教职工以及学生和家长（监护人）共同努力，让这所学校变成了一所教师乐于提起的安静、积极的反思型学校。尼古拉针对行为管理提出的实用方法就像是一道福音！

我们满怀热情，想为每一个孩子营造适宜的成长与发展环境。因此，写此书的唯一目的是为教师提供一系列可以简单方便地应用到每一堂课的技巧。本书旨在帮助教师打造学生乐学、教师对教学充满热情的课堂。我们竭力为老师每天在课堂上可能面临的每一种行为提供相应的解决方案。所以，无论你是刚从大学毕业的新晋教师，还是一位经验丰富、专业性知识丰富的教师，我们都希望此书对你有所助益。

写这本书的原因我们已经说明，接下来，我们要阐述一下使用此书的最佳方式。经过深思熟虑之后，我们决定写一本指南式书籍。这样一来，当教师遭遇一种特定的行为时，动动指尖就能快速找到解决方案。怀揣着这一想法，我们将本书划分为五个部分，每个部分涵盖可以管理一系列类似行为的思想方法，我们称之为“技巧”。书中提及的每一个技巧都是经过课堂上最具挑战性行为的孩子的试炼与验证。每一个技巧都以行为认定开始，然后给出一组实用策略，用以解决这一特定行为。所有这些技巧都对应于教师可能面临的从低级到高级的挑战性行为。

每一个技巧的最后都给出了后续步骤的建议，帮助你确保这些技巧能够持续发挥作用，给出你想要的结果。

“技巧”锦囊中涵盖了管理不同行为的思想方法，我们称之为技巧。我们相信这些技巧将具有创新意义，既可以单独使用也可以混合使用。我们希望该锦囊可以为你提供直截了当、简单实用的解决方案，让你在课堂教学中游刃有余。通过技巧锦囊，你可以找到方案来解决偶然性事件，亦可以在需要时，根据个人所需帮你深入与发掘解决方案。如果你准备在自己的课堂里采用一种新的教学方法，或者你正在多所学校担任代课老师，都可以用到它。

本书的章节围绕以下五个主题整理汇编：

* 营造积极的学习环境
* 积极的课堂管理
* 重新集中注意力
* 树立自信心
* 挑战性行为

前两部分用以阐述如何营造积极的学习环境。课堂内部的氛围对于这些技巧的有效性至关重要，这一点我们再怎么强调也不为过。所以，书中会有很多简单实用的提示与思想帮助实现这一点。我们旨在让你真正了解如何才能把自己的课堂变得具有启发性。

我们知道，课堂会在整个学年里不断成长与变化；同样，这些变化的背后都有其缘由。一个积极的课堂环境可以非常快地变成一个充斥着挑战甚至难以掌控的课堂。作为老师，我们需要积极主动地面对这些挑战，并做到棋先一手。下面，我们给出了运用这本书应对课堂环境变化的三种方式。

情景 1

新学年伊始，你要带一个新班级，而且你知道这个班里有不少孩子存在挑战性行为。

这时，你要怎样为未来一年的教学与学习设定正确的期望呢?

对于该场景的解决方案，我们已经精心挑选出一些技巧供你单独或叠加使用。

技巧 3　行之有效的规则

* 向右传!

* 规则拼图

技巧 4　有效的纠正措施

* 面壁思过
* 星球流浪

技巧 5　正强化

* 神秘学生
* 活动券

技巧 6　建立有效的惯例

* 符号
* 有节奏的惯例

技巧 14　吸引孩子的注意力

* 木头人
* 你们能听到音乐声吗？

技巧 24　帮助不听从指示的孩子

* 脚本
* 视觉符号

情景 2

你是一名代课教师，学校让你教一个早就知道很有挑战性的班级。上一次代课时，这个班上的一个孩子直接走出教室，对你很无礼。现在，学校让你再在这个班代课，但是你担心自己没办法掌控这个班级。你要怎么办？

以下精选技巧可供尝试：

技巧 7　帮助孩子顺利融入课堂

* 还没准备好进我的教室吗？

技巧 13　帮助孩子顺利离开教室

* 错峰下课

技巧 14　吸引孩子的注意力

* 节奏游戏

技巧 18　防止孩子大声喊叫

* 提问

技巧 24　帮助不听从指示的孩子

* 选择

情景 3

新学年伊始，你已经努力为所有学生制定出了清晰的规则与期望。然而，你的校长给你的班级招了一个新学生。几天后，这个学生一直表现出一些寻求关注的行为。你要怎么做？

以下精选技巧可供尝试：

技巧 17　处理寻求关注行为

* 高光时间

* 荣誉证书

技巧 18　防止孩子大声喊叫

* 不予理睬

技巧 20　鼓励缺乏自尊的孩子

* 我擅长……

技巧 21　帮助缺少朋友的孩子

*朋友圈

在开始使用这些技巧之前，我们还为大家准备了一个简易的五步自测表，包括查明以往历史、拼接“行为拼图”、检查正强化、检查课堂规则、检查纠正措施这五步，我们建议在开始实施某一种技巧前，老师们都可以先使用自测表，以获得实现最终目的所需要的全部信息。

我们希望你喜欢在课堂上应用此书，并能发现其价值所在。同时，我们都期待能收到应用此书的反馈，欢迎通过电邮方式联系我们，电邮地址：info@behaviourstop.co.uk。

● 自测表

身为教师，我们每天都会遇到新的挑战，解决这些挑战并非易事。有时候，无论我们多么努力，有些情况还是会将专职从事教育工作的我们逼向绝境。当此类情形发生时，我们需要深吸一口气，然后针对发生这样的事问自己一些基本问题。

以下一个简易的五步自测表可以让你在课堂上遇到任何情况时都能快速地做一个自我评估。如果你能回答下列所有问题，那么你就已经掌握了处理问题的基本知识，便可继续进行下一步操作——对症下药。在你实施解决特定行为的特定技巧前，花一点时间做这个测试可以为最终的成功上一道保险。

第一步：查明以往历史

做一名侦探，尽力找出关于这种行为以及这个孩子的所有线索。这可能意味着要查明早些年这个孩子的行为是怎样的，需要见他之前的老师或者给他之前的学校打电话，等等。

尽可能收集到所有信息：之前用什么策略解决了类似问题？是否有家长参与？学生平时出勤情况如何？他的交友情况如何？他的课业表现如何？

第二步：拼接“行为拼图”

事出必有因，任何行为背后都有其缘由。行为是一种交流方式。有时候，孩子（和成年人）发现因为找不到合适的措辞，很难表达所感所想，而同时发现用行为来表达其所感所想相对容易，这样的情形便会导致他们做出不必要行为。这样的行为往往暗示着“某些环节出现了错误”，抑或“他们的需求没有得到满足”。

观察这个孩子并和他聊天，可以的话，和他父母 / 监护人聊聊，这样教师就可以把这四散的“行为拼图”一片一片整合起来，重现能够解释其行为的大图，拼接出他这样表现的原因。找到原因后，就能帮助他理解以及规范这一行为。

第三步：检查正强化

一定要让这个孩子知道你关心他。记住，他可能花了很长时间才养成这种行为，所以定下应对良方后，要始终如一、保持耐心地实施下去，因为改变这种行为需要时间。与孩子建立良好的关系可以让他看到你在关注他，并有利于他建立自尊心。记住，任何外在表现都有个中原因，那些做出挑战性行为的孩子还不具备成年人拥有的应对各种情况的能力。检查一下：你使用的是正向教学语言吗？正强化技能能否激励和触动到孩子的内心？所给出的奖励能否鼓励和激发孩子的意志？以及，你是否能始终如一地实施某一方法？

第四步：检查课堂规则

规则可以定义什么是合理行为，帮学生确立清晰的期望。你的课堂规则清晰吗？班里的学生都能理解并遵守这些规则吗？这些规则是否得到清楚、醒目的展示，并定期都得到强调？

第五步：检查纠正措施

是否能始终如一地坚持自己在课堂上施行纠正措施时使用的方法？孩子们认为该方法公平公正吗？孩子们一般只尊重公平的规则。所以，要检查纠正措施是否公平、一以贯之，以及是否符合逻辑和现实。

第一部分

PART 1

营造积极的学习环境

虽然本书旨在为读者提供有效的管理课堂行为的方法，但不得不说，最有效的课堂是由它所依存的积极的学习环境——学校——铸就。一旦步入学校，你不仅能从它的外观和色彩中看到它的学风，你还能用心感受到。对任何到访者来说，学校的入口就是一个重要的展示窗口，它可以即刻将学校的愿景和学校想传达的信息展现在人们面前。毋庸置疑，课堂之外的外部环境会对你以及你教的学生产生影响。

你的学校致力于打造积极的学习环境吗?

技巧 1

治校策略

好学校都致力于为自身打造一种积极的包容性的文化，既能满足课程设置的需求，又能满足教职工与学生的情感诉求。有时候，尽管学校方面已经做出诸多努力，但课堂中的挑战性行为仍然妨碍他人的学习。虽然挑战性行为往往事出有因，而且学校也在努力不懈地支持每一位学生，但是意外的挑战性行为从未，也不可能为人接受。

所有学生都有权利在不受他人干扰的情况下学习，成长为自信的、自立的终身学习者。然而，在现实生活中，一个学校想要做到让每一个学生都能享受到同等的机会非常难。特别是，如果教职工每天都要把注意力集中到应对挑战性行为上，那他们在追求高质量教学的道路上不得不分心。

以往研究表明，在建立校园文化方面，许多学校一直努力兼顾教职工与学生双方，竭尽全力为他们创造一种平衡感，保障人人都能受益、都能成功的同时，还要尽力满足个别学生的需求，特别是那些有额外学习需求的学生。改变一个学校的文化是一个长期的战略性过程。为实现这一改变，该校所有教职工与学生都必须对学校效能（school effectiveness）有强烈的愿景。为此，如果一个学校准备把自己的愿景成功转化为现实，实施有效的行为管理制度至关重要。

● 全校性的行为策略

所有好学校都会推行有效的行为策略，为它所有成员提供清晰的指导方针，针对行为管理制定规则、纠正措施、奖励制度，以及策略实施与监督的方法。

英国的各地权威机构以及互联网上有很多优秀的行为策略的例子，如有需要，可自行查询。良好的策略需要得到良好的行为管理制度加持。“五步行为管理项目”是我们在许多学校实施的一个成功案例，该项目涵盖全面，包含在全校范围内循序渐进地实施策略的方法。

● 营造积极向上的学习文化

校园文化对校内成员如何学习、如何表现、如何尊敬他人以及如何成长为独立学习者有着巨大的影响。想要产生积极影响，必须不断发展与实施积极的校园文化：

* 有效的处罚措施
* 正强化措施
* 打造共同信念
* 传统、条例与仪式
* 正向的、鼓励性的校园社区

● 学校愿景

成功的学校会有明确的方向感与愿景。为自己的学校塑造愿景时，对学校予以正确的定位十分重要。为你的学校塑造共同愿景涉及校园社区里的每一分子，需要考虑到其核心信念应是社区所有成员可以全身心投入的共识。

塑造一个共同愿景：

* 确立并共享学校的核心信念

* 描述学校的理想状态是什么样的

* 执行

● 校风和价值观

人们对自己学习以及教学的地方所持有的感受和看法会影响他们的行为方式。因此，学校风气与价值观需要深入人心，发扬光大，让所有人都了解。

技巧 2

积极的方法

想要营造一个积极向上的环境，教师需要保持自身的积极性。一种可以滋养教职工、培养师生关系的校园文化应当是温暖的、友好的、互敬互爱的。只有在这样的环境里，教师才能受到重视，从而才能重视他人。自己的作为得到认可是一个极大的激励因素。

● 教学的黄金法则

教育孩子，处理复杂的教学情境从来不是一件易事。即使对职业技能高超的老师来说，面对教学，有时也会有压力。在教学过程中，教师首先应该要有一种自己一直在掌控全局的体会与感受。富有感染力、保持积极的态度，你就可以以一种同理心和前瞻性的方式影响和改变孩子们在课堂内的表现。永远不要让学生感觉到你在怀疑自己的能力或者觉得某些情况你应付不来。任何时候都要散发出自信的光芒。

1. 相信自己能够有效管理课堂。

2. 为自己取得的成就庆贺，无论成就大小。

3. 明白自己也是人，也会犯错。记住，犯错只是通往学习的窗口。

4. 教学方法要灵活，因材施教。

5. 有幽默感，享受其中的乐趣！

● 师者之道

有效行为管理的核心是与学生建立积极正向的关系。这可以让你与学生建立联系，形成夯实的基调才能改变孩子的行为。

很多方法可以帮助你与同学们建立起坚固的、互尊互爱的关系，包括：

1. 以身作则，给孩子树立积极的榜样；尊重他们，他们才会尊重他人。

2. 营造充满关怀、鼓励性的以及公平的环境，让每个孩子感受到被接纳、有归属感，在这样的环境里所有人都轻松自如。

3. 认识每个孩子的长处，相信每一个孩子都有学习的能力（特别是对有特殊教育需求和残疾的学生）。

4. 与班级一起认定、强调以及分享所有成功。

5. 花时间和每个孩子单独交谈，了解他的兴趣、才能、目标、喜恶。

6. 讨论课堂规则和处罚措施，让所有学生清楚教师对自己的期待。

7. 训斥孩子的时候不要让他们难堪或嘲笑他们。

8. 在游戏时间与孩子互动（比如加入足球比赛或“跳房子”游戏），或聊聊天也可以。孩子们天生喜欢这种互动，这有助于给予他们信心。在此过程中，你也一直在向他们展示你真的关心他们的需求。

● 尝试了解他们

如果你是新晋教师或者刚接手一个新班级，尽快了解这群孩子非常重要。为实现此目标，可以给学生下发一张空白纸，让他们写出以下问题的答案：

1. 你叫什么名字？

2. 你的生日在哪天？

3. 你班里最好的朋友是谁？

4. 你最喜欢的电视节目是什么？

5. 你最喜欢什么类型的音乐？

6. 谁是你最喜欢的歌手或者你喜欢哪个乐团？

7. 你有什么课外爱好？（或者说，你在放假的时候喜欢做什么？）

8. 你的宠物叫什么名字？它（们）是什么动物，小鱼、小狗、小猫还是小老鼠，或者是昆虫？

9. 你的父母或者监护人叫什么名字？

10. 你喜欢去哪儿度假或想去哪儿度假？

11. 你最喜欢哪一支足球队或橄榄球队？你最喜欢的运动或消遣是什么？

12. 你最喜欢的食物是什么？

13. 你最讨厌的事物是什么？

14. 你最喜欢学校的哪个科目/活动？

技巧 3

行之有效的规则

规则用以定义什么是合理行为，可以为所有学生设立清晰的界限与期望。这些规则必须定期强化，并且在教室里设置专门的展示栏，让所有学生都能看到。重要的是，孩子也应该参与到制定班级规则的队伍中去，因为这可以让他们有当家做主的感觉，他们就更有可能接受这些条款和条件，从而遵守它们。

◇ 应对技巧

● 建立规则

新学年的第一堂课应该用来建立期望，制定课堂规则。只有在积极的学习环境中，孩子才能好好学习、茁壮成长，这一堂课将是朝着创造这样的学习环境迈出的一大步。课堂规则不宜超过五项，基础阶段的班级规则还可更少一些。规则用词要简单明了，使所有学生都能理解。

设计课堂规则时，要确保其意义清晰、涵盖全面、内容可行。用积极主动的话写下这些规则，避免使用“不得”此类词汇。比如，“在校园内我会从容不迫地行走”，而不是“校园内部不得奔跑”。规则应该在学生的理解范围内。因此，规则必须明确具体且有根有据。比如，告诉学生“要好好表现”或“不要做那个”都太过含糊其词。以下给出我们之前合作过的一所学校的一套课堂规则：

* 手放好，脚放好，物品放好，保持安静坐整齐

* 听到指令马上做

* 听从教师发出的集中注意力的信号要求

* 说话得体，声音得当

* 尊重他人，爱护设施与环境

如果是基础阶段的班级，以上规则可做一些调整，如下：

* 友善地对待任何人、任何事

* 大人讲话时要认真听

* 听到指令马上做

* 尊重他人，爱惜万物

● 倾听学生的声音

让孩子们参与制定规则很重要，因为这给了他们发声的权利，才更有可能让这些规则更具权威性。

● 棋盘游戏规则

让学生以小组为单位，以班级为主题设计一款棋盘游戏。然后让他们向全班展示这款游戏，在此过程中，他们要讨论这款游戏的规则以及规则的重要性。当他们完成这项任务后，让全班一起以小组为单位为班级的规则出谋划策。

● 向右传！

在小组内，让学生在纸条上写下六条规则。完成后，让他们把纸条传递给右边的同学，这个同学会在他觉得最重要的一条规则旁边画星星。然后，继续将纸条向右传递，直到各个学生拿到自己的纸条。随后，让孩子们大声读出画星星的规则，并把它们写在黑板上。最后，让孩子们认同这些规则，并对它们进行优先性排序。如果有人对某项规则十分认可，他必须给出班级应该遵守这项规则的理由。

● 正导向的学生

以小组为单位，让孩子们列出一个表现具有正导向的学生的特点。每个小组都要反馈，然后汇总出一份总清单，并展示在教室里。

● 符号

课堂规则确立之后,让孩子们为每一项规则设计一个符号。在教室的每个角落展示这些符号，用以提醒孩子们做出正确的选择。符号是一种有效的交流方式，特别是对有学习障碍的儿童或患有自闭症谱系障碍的学生有良好效果。

● 强化规则

注意每天都要强化这些规则，特别是在新学期开始时。这也有助于检查孩子们是否真正理解了这些规则，给他们机会解释这些规则背后的理论依据。以下给出了一些强化课堂规则的建议：

A 课桌下的问题

把你想要强化的班规写在卡片上并粘贴在课桌下面。要以问题的形式写这些规则，比如，“我什么时候可以离开教室去洗手间？”。当强化这些规则的时机一到，让孩子们看看桌底，然后轮流读出每个问题，再由教师或另外一名学生来回答。

B 解答规则等式

根据每条班规的第一个字组成的词造一个等式，写在黑板上让孩子完成，例如：

执行指令勿拖延

控制自己的双手，脚放好，物品放好，保持安静坐整齐

尊重他人，爱护环境

听从教师发出的注意力集中信号

说话得体，声音得当

执行 + 控制 + 尊重 + 听从 + 得体 = 我们的班规

C　课堂正向行为热点

课堂正向行为热点是让孩子集中精力理解和记住某条规则的好方法。每周从你的班规中挑选出一项行为热点，以板报的形式展示在教室里让全班学生看见。比如，当强化“说话音量要适当”这条规则时，如果班上的一个孩子遵守了这条规则，可以给予表扬或奖励进行正强化。这也适用于课堂上的其他行为。

D　规则拼图

建立了班规之后，以拼图主题内容的方式将它们展示出来是一个很好的方法。如果你的班级有五条规则，那就画一个一分为六的拼图。在每块拼图上写下班规，中间一块可以写：“你能拼好这张图吗？”

E　榜样定格！

班里的每个人都必须扮演侦探的角色，去发现任何强化班规的人并拍照。照片要展示在教室里给其他人看。这样，班上的孩子就可以成为其他人的榜样。

F　给代课教师的建议

除非你有固定的代课教师，熟悉你的日常教学工作，不然请记住他可能看不懂你的班规。为帮助代课教师或者助教坚持使用某条规则，并且只坚持一条规则，可以使用“听指令做动作”这种能够有效管理学生行为的规则。

G　“听指令做动作！”

越简单越强大，那就只用一条规则：“听指令做动作！”在课堂上，老师需要孩子做到认真听讲。孩子们只有听从教师的指令才能参与到学习中，并遵守学校的日常安排，比如什么时间休息、什么时间集合。

这条规则必须在一天中以“听指令做动作”的游戏形式定期强化。为了执行这一策略，你需要把它改编成一个游戏。首先给每张课桌对应的同学下发一张写有从1到7编号的卡片（从1到几取决于班里课桌或者小组的数量），卡片上的数字与一张大纸上的数字相对应。教师说：“听指令做动作！收起课本！”第一个把课本收起来的同学在“听指令做动作”游戏图表里先得一分，这个图表就展示在课堂的显眼处。

听指令做动作！

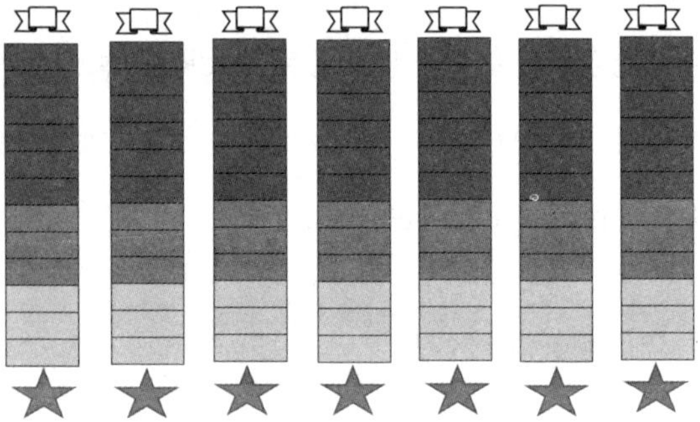

在游戏图表中，每一列有四个不同灰度级的节段，每个节段代表一天不同的课程。比如：第一节段 = 第一节课，第四节段 = 第四节课。哪张课桌对应的学生先到达星星的位置，谁就赢得比赛。教师最好出面把握这个游戏的节奏，以便每天结束前都会有一张课桌或者一个小组的学生到达星星的位置。由掌控的教师决定用什么方式奖励获胜的学生，全天候地恭喜和鼓励进步的学生，例如：“做得好，3 号桌，你一马当先，我看看这节课之后谁会成为领头羊呢。记住，当你们听到‘听指令做动作’这句话时，就必须按照我的指令去做。”可以采用奖励图表的形式让获胜小组或者课桌在一天结束时选择一个奖励。

技巧 4

有效的纠正措施

只有在正向课堂文化的背景下实施纠正措施才有成效，这样的文化应该有明确的规则与程序，并能应用奖励强化正向行为。良好实现行为管理的要旨就是选一种方法始终如一地执行下去。必须让学生明白，如果有人打破他们制定的规则，就必须采取纠正措施，只有这样这个孩子才有机会对自己的行为进行反思。鼓励孩子们做出正确的选择以及遵守课堂规则永远是头等大事！始终如一的方法可以给你班上的孩子们传递正向的信息。纠正措施要及时、具体、合理，公平公正、有始有终。

纠正措施应当：

* 为学生、教职工以及家长 / 监护人所理解

* 公平公正

* 始终如一

* 是对某种行为的逻辑反应

* 对不当行为的纠正现实可行

如果一个学生违反了班规，就应该采取纠正措施，衡量违反规则的标准包括：

* 影响其他同学的学习与身心健康

* 妨碍教师教学

* 对自身或者他人的人身安全构成威胁

* 严重性超出一般性班规的事件

采取的纠正措施应当合理，惩罚裁量应基于违规情节的严重程度。如果措施太过严厉，实施不及时抑或前后不一，就可能会失去效力。强化班级规则的最佳方式是：当有人违反班规时，让学生集体参与讨论该如何纠正。以下给出了关于纠正措施清单的建议：

* 提醒

* 口头警告

* 面壁思过

* 取消登录学校信息系统的资格（比如，如果学生滥用该系统，浏览不当的网站）

* 取消参加课外活动的资格，比如“欢乐周五”

* 休息时间减少五分钟

* 通知家长

* 失去担任校学生会成员或者班长的资格

◇ 应对技巧

● 给他们选择的权利

给学生选择的权利可以让他觉得自己有一定程度的掌控权，这是鼓励孩子开始为自己的行为负责的重要环节。在给孩子选择权时，要使用一些能带来预期效果的选择。例如，如果一个孩子在上课时玩玩具汽车，你可以说：“要么把你的玩具汽车放在抽屉里，要么放在我的桌子上。”你要给对方一个选择的机会，而且要俯下身去，在他的身高高度上说出这个选择，这样你们就能有直接的眼神交流。说完后要走开，给予他充分的时间和空间做出选择。如果你和他一直靠得很近，一直有眼神接触，孩子可能会做出不必要行为。

再次强调，如果班上有清晰的规则，每个孩子都会知道如果自己做出错误选择后会有相应的后果等待着他们，就不会有什么意想不到的事发生。把错误行为的所有权放回到孩子身上，通过这种方式，我们鼓励孩子对自己的行为负责，从而规范自己的行为。

● 斥责的时机

提前干预，务必在行为问题还未变得尖锐之前及时准确地做出干预。当一个孩子表现出不必要行为而需要进行斥责时，要迅速斥责，然后立即引开话题，不要给这个行为留下升级的空间。

● 面壁思过

面壁思过是处理不必要行为的有效方法，前提是一定在该行为变得具有挑战性之前实施。这样的惩罚可以让孩子有机会冷静下来，反思自己做出的不当行为。

你班上的孩子应该清楚在教室什么位置面壁思过，这个区域应该选在目光所及之处，这样当一个孩子在罚坐或罚站时，你能监视到他。把孩子放到教室外或者其他你监视不到的地方的话，这个惩罚就没有意义了。理想情况下，选择教室的一个角落，并且不要离门和铺有地毯的地方太近。有些学校会用橡胶制成的彩色圆形垫子,抑或是一个圆圈,让孩子站或坐在里面。无论用什么，所有孩子都必须了解和清楚这个区域在哪儿以及设立该区域的目的是什么。孩子面壁思过的时间要视其年龄而定。比如，六岁学生的惩罚时间为六分钟。在惩罚过程中不建议使用计时器计时。经验告诉我们，如果使用计时器，孩子的注意力会放在盯着计时器上，而不是反思自己的行为上。而且，这样做的话，一旦计时结束，孩子会自己向老师报告惩罚的时间已经结束了。孩子是否能回到班里/小组应该由老师来决定，而不是他自己。

● 面壁思过的操作步骤

当孩子在做出不必要行为的时候，立刻把孩子送到面壁思过的位置上去。因为孩子小，所以你要用眼睛的余光盯着他，切记不要和他有直接的眼神交流，假装你在忽视他。等到孩子情绪稳定下来或者是惩罚时间到了后向他解释惩罚他的原因，告诉孩子他的这一不必要行为会给他自己和其他人带来不好的影响。

* 让这个学生反思自己的行为

* 帮助孩子回想班里的奖励、活动以及游戏

* 告诉孩子：当你觉得他冷静下来之后会问他是否准备好重新回到班级或小组

* 实施“五分钟黄金法则”

● “五分钟黄金法则”

这条法则对于那些做出不当行为的孩子来说有奇效。当你因为孩子做出不必要行为要斥责他时，他很有可能会觉得自己把一切都搞砸了，便会失去做一个好孩子的动力。因此，为了让孩子保持专注和积极性，可以实施“五分钟黄金法则”。在惩罚的五分钟里，找一些这个孩子值得表扬的地方，比如，坐姿笔直、读书认真、作业完成及时以及积极举手询问问题等。这样做能有效帮助孩子保持做出恰当行为的动力。

● 星球流浪

用绿色、橙色和红色的卡片纸剪出三个大圆圈代表星球。给每个孩子发一张写着他的名字的火箭贴纸，然后把这些火箭都贴到绿色星球上。如果有孩子做出不必要行为，例如，故意把沙子撒在地板上，就让他把自己的火箭移到橙色星球上并鼓励他思考并做出积极的选择。

如果这个孩子继续做出不必要行为，就要求他把他的火箭放到红色星球上，然后罚他面壁思过（见“面壁思过的操作步骤”）。无论这个孩子是在橙色星球还是红色星球上，只要他表现出积极的行为，就可以立刻回到绿色星球上。这给予了孩子一个很好的视觉提示；如果孩子的学龄很低，你可以把他们的照片做成宇航员的样子代替火箭放到这些星球上。

● 班会

班会可以用来讨论诸多事宜。在这些班会里谈论“承担责任”这一主题对管理班级很有用。如果本周发生了一些行为事件，可以在这周的班会上以一种不具威胁、不责备、心平气和的方式对这些事件进行讨论和反思（最好每周开一次班会，否则学生们可能会忘记这些事件）。一些体现良好行为的事件也可以拿来讨论，并可以给予奖励。班会需要定期举行，这样孩子们就不会觉得开班会就是为了对某个行为事件做出反应，这将使这些班会带有威胁的意味。

由教师决定在班会讨论哪些事件，通常要选一两个消极事件和两到三个优良表现的范例。鼓励所有学生评论这些事件，其他人评论时，和这些事件相关的孩子要倾听。教师要引导学生思考以下问题：

1. 事情的经过是什么？

2. 事情发生的原因是什么？

3. 班里其他人对此事有什么感想？

4. 如何防止此类事件再次发生？

5. 我们能从中学到什么东西？

表现优良的范例也以同样的方式讨论，但是上述第 4 条可以改为“如何鼓励此类行为更频繁地发生？”。

● 修复师生关系

当有孩子在教室或者操场收到警告牌时，尽快修复教师与孩子之间的关系很重要。关系得到修复后，孩子就不太可能会做出不必要行为。以下两种方法可以帮助修复关系：

* 一个孩子做出不必要行为，经过责罚后，再让他回到班级时你可以这样说：

“谢谢你的道歉，我能看出你已经准备好做出正确的选择了。看到你回到这个班级/小组我真的很高兴。”

* 如果已经对这个孩子采取了一项纠正措施，实施了“五分钟黄金法则”，在惩罚的五分钟里，找一些这个孩子值得表扬的地方，比如，坐姿笔直、读书认真、作业完成及时以及积极举手询问问题等。这样做能有效帮助孩子保持做出恰当行为的动力。

技巧 5

正强化

正强化鼓励正向行为的发生，因此，每天都需要引入一些正强化措施来帮助孩子集中注意力并为班级营造积极的学习环境。当学生能正确遵循我们的指示时，我们需要确保这一行为能一次又一次地发生，从而顺其自然地变成一种习惯。这是人类行为与动机形成的基本方式，加以运用可以有效地鼓励孩子学习本领以及养成良好的行为习惯。奖励是正强化的措施之一，不过想让奖励变得富有成效，那么我们必须选择一些学生渴望得到的东西。不同阶段学生想得到的奖励会有所不同，比如基础阶段的学生期望得到的奖励与在英国被称为基本学程第二级的学生期待得到的奖励不同。

当认可和奖励某个同学的良好行为时，要以饱满的热情为他庆祝，并且要和其他学生、助教、教师以及非教职人员一起庆祝。这样的热情会让孩子着迷，因此为了得到相同的反应他们会重复这一行为。当有学生表现出不当行为时，不要投入精力和时间。反之，要以冷静的方式处理，不要卷入其他人，然后把他的注意力引向别处。一旦他表现出良好行为时，再用鼓舞人心的方式以及丰沛的精力为他庆祝。很快他就会喜欢上这种不同的活力，然后为获得一个积极的结果做出相应举动。

1. 立即奖励你希望看到的行为。

2. 始终如一的奖励有助于维持理想行为。

3. 确保奖励能够实现，这样才能保持学生的注意力和动机。

4. 确保在学校的时光孩子都得到了公平的奖励。

● 奖励的频率和等级

给予孩子奖励的频率和等级视其行为的级别而定。如果班上某个孩子频繁表现出困难行为，那么奖励这个班级的频率与级别必须要高。一个有高等级奖励并且常常激励学生的班级往往是一个拥有低级的不当行为的班级。

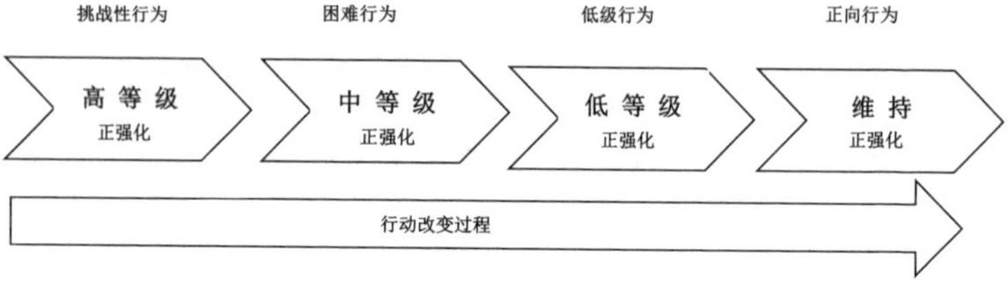

● 有效的表扬

1. 给予表扬前，一定要为孩子们定义这一恰当行为。

2. 理想的行为发生后，应该立即给予表扬。

3. 丰富你的表扬方式。

4. 把表扬与孩子付出的努力相联系。

5. 鼓励有毅力、自立的表现。

6. 不要无缘无故地不停地表扬学生。

7. 表扬时要真心实意。

8. 表扬之后一定不要立马批评。

● 榜样示范

你想看到孩子做出什么样的行为，就要示范给他们看。孩子就像海绵一样，观察别人就可以汲取营养。所以，如果一位教师想让一个孩子主动承认自己犯的错误，他自己应该先进行示范。

比如："不好意思，孩子甲，我没有事先征得你的同意就拿了你的笔，请接受我的道歉。"我们往往会低估榜样示范对孩子们的作用。老师需要先迈出第一步，通过榜样示范将理想行为教给孩子，这样，每个孩子自己才会开始将其示范给其他孩子看。

● 懂礼貌

礼貌不仅能给别人留下好印象，也能让我们自我感觉良好。无论是为他人开门还是主动说"早上好"，示范这样的行为能鼓励孩子以同样的尊重对待他人。当孩子表现得很有礼貌时，一定要认可和强化。例如，孩子甲为其他所有同学开门。当老师第一个通过这扇门时，他要向这个孩子表示感谢，这样做会鼓励其他所有的孩子也这样做。孩子甲从而会得到奖励，回到教室后，老师再问这个孩子："当你的同学都感谢你为他们开门时，你有什么感觉？"这有助于他理解自我感觉良好的因素是什么，以后他将更有可能重复这一行为。

◇ 应对技巧

● 正确选择泰迪熊

当一个孩子就自己的行为做出正确的选择时，一个“正确选择泰迪熊”对年幼的孩子来说是一个非常棒的强化物。可以在上学时间将这个小熊交给他，放在他的桌子上，也可以在放学的时候交给他，这样他就可以把泰迪熊带回家。重要的一点，当奖励给他泰迪熊时，要解释他为什么会得到它，例如：“杰克，今天‘正确选择泰迪熊’是你的咯，因为你做出了正确的选择，在课间收拾了教室。”

● 讲礼貌

请用礼貌用语强化和示范礼貌的行为举止。

* 对不起
* 谢谢
* 不好意思，打扰一下
* 请……

● 抽奖券

用抽奖券的方式奖励良好的表现对所有年龄段的孩子都是一个很好的激励手段。孩子们会从中体验到“自我感觉良好的因子”，知道他们得到的抽奖券越多，中奖的概率就越大。在一天、一周或者一个学期末用丰厚的奖品安排抽奖。

● 荣誉墙

抽奖结束后，使用废品制砖机将抽奖券压缩成一块砖。等到这些砖头一干，立马给它们涂上明亮的颜色，并在每块砖上写上积极的话语。随着时间的推移，你的课堂就会建立起一面专属的荣誉墙，每个学生在此过程中都能看到。

● 贴纸

用贴纸奖励学生非常便利。不过，给孩子太多贴纸会降低其价值，所以给贴纸时要有针对性，这样才能让孩子体会到真正的成就感。贴纸可从网上购买，也可以根据不同学校不同行为进行个性化定制。“午餐好习惯贴纸”这样的奖励就可以用来激励良好的午餐行为习惯。

● 奖励台

在教室里专门设立一个区域，孩子们可以在这里进行一些有趣的活动，比如玩乐高、玩橡皮泥、画画等。把这一区域当作一个奖励台，如果孩子遵守课堂规则，就有机会到这个奖励台上，玩 5 ～ 10 分钟。可以的话，使用一个计时器，这样学生可以独自享受这一区域，结束后直接通知下一个获得奖励的孩子。

● 荣誉证书

这是奖励孩子以及强化你期望看到的行为的极佳方式，比如认真听课奖。给孩子颁发证书时，确保全班都参与到颁奖仪式中。孩子们喜欢看到自己的证书送到家，送到父母或者监护人手中，让他们知道自己在学校的良好表现得到了奖励。

● 欢乐周五

给那些做出正确选择的孩子一个周末奖励的效果向来不错。与班级一起讨论他们想要什么样的奖励，比如画脸谱、制造珠宝、玩宾果游戏或进行室外活动等。每周的奖励都要换一换，这样才能维持学生的动力。

● 打电话 / 寄便条

给孩子的父母 / 监护人打一个简单的电话或者寄一张便条就

是一种效果显著的正强化手段。通常寄回家的信都是为了传达一个负面的消息。用带有学校抬头的信纸书写正面的消息，然后寄往学生家，这样十分贴心。孩子们在等待邮件到来的过程中会非常兴奋！

● 专属日

专属日为每天都提供了一个积极的开始，当孩子做出积极的行为改变后，它也提供了强化这些改变的理想方式。试想一下，班上 10 ～ 30 个孩子在一起夸奖一个孩子的场面，这在提升学生自尊心方面的效果会多么的惊人。更重要的是，这也为良好表现起到了有力的强化作用。每天都会有个孩子当选为幸运儿。在他的专属日，这个孩子会站在讲台前，其他孩子（包括老师）会对他做出积极的评价，例如："我喜欢艾莉，因为我一个人在操场上的时候，她会和我一起玩。"孩子在专属日这天可以享有一系列特权，比如取午餐时可以站在队伍最前边。

● 请问我为什么这么优秀

当一个孩子表现出积极的行为时，比如帮助朋友，他就可以在脖子上佩戴一枚奖章。奖章上写着"请问我为什么这么优秀”，这就鼓励教职工和学生向这个孩子提出这个问题，这样做有助于强化他的正向行为。用一张空白光盘即可制作一枚奖章，在光盘中间穿一条缎带，用不褪色的记号笔在每张光盘上写上学生的个人信息。制作完成后，可以把它们送到孩子家或者悬挂在教室里展示。

● 神秘学生

教师每天都要秘密地选择一个学生作为神秘学生，这个活动的关键点在于学生们都不知道谁是神秘学生，因此，每个人都必须表现良好。为了确保所有孩子都有机会成为神秘学生，可以把所有人的名字放进帽子里，每天随机抽一个。早上点名的时候，教师告诉全班同学神秘学生已经选出，每天结束时，如果他们达成设定数量的（比如 10 个）正向行为，全班都可以得到奖励，并且可以揭晓神秘学生的身份（如果全班未能达成设定的目标，则不会揭晓他的身份）。

● 给火箭加油！

以小组为单位，给孩子发一根透明的长管，让他们用这根管设计一个火箭，例如，在长管的一侧加上火箭的机翼。

在每个火箭下面写上组内孩子的名字，然后展示在一面墙上或者一张桌子上。当这个小组表现出积极的行为或者完成一项任务时，就向这个火箭里放一张红色塑料光盘。当这个小组的管子已装满燃料准备发射时，就奖励这个小组，比如奖励他们一些自由活动的时间。

所有孩子都喜欢得到奖励，如果每次全体师生都能一起庆祝孩子做出正确的选择时，我们就会拥有一个所有人都引以为傲的学校。如果和全校一起分享成就，所有师生都会受益。有一种方便快捷的方法可以做到这一点：把学校分成一个个分院团队（House team）。每个孩子表现良好时都会单独获得奖励，可以得到兑换币或者积分奖励，这些都会统计到分院团队的计分系统。一周结束时，每个班级或者级部将它们的兑换币或分数相加，然后在全校范围内进行核对与整理，最终，各分院团队的成就可以以学校周会这一理想方式来分享。

● 活动券

让孩子们列出他们想在学校做的所有活动，将其当作特别奖励，比如，玩笔记本电脑、打棒球、画画甚至与校长共进晚餐等，这些活动都可以作为奖品。然后，让学生们设计“活动券”，如果教职工看到他们的正向行为，学生就可以获得一张活动券。最后，要决定每项活动所需的活动券数量。当一个孩子收集到的券达到他想参加的活动所需要的数量时，就可以得到这项奖励。

● 保险箱

这是激励每个孩子的绝妙方式。给一个孩子装有密码锁的保险箱，向他解释，如果他获得的分数达到一定数目，他将在一天结束时获得一个大奖。记得把保险箱放得离学生远一些，以免分散他们的注意力。当他做出恰当的行为时,无论成就多小，都奖励他一个白色筹码放进他上锁的保险箱里。一个白色筹码值一分。如果他表现不佳，教师就会往他的保险箱里放一个红色筹码。一个红色筹码可以抵消一个白色筹码。如果这个孩子在一天结束时表现出恰当行为，就会得到保险箱的密码，他必须数出白色筹码数量，然后扣除红色筹码。

● 自由活动时间

给予“自由活动时间”是对孩子的巨大奖励。当学生完成一件工作时，可以给予此项奖励。他知道自己可以有时间选择做自己想做的事情时就会专注于学习。

● 照片集

都说“百闻不如一见”，一张照片自然胜过千言万语。想象一下，在教室里用照片展示表现良好的孩子体验过的所有奖励、活动和旅行等，这样产生的影响力该有多大！这不仅有助于强化孩子们的成就感，还可以让他们对改变有清醒的认知，给他们信心和幸福感。学生从视觉上就可以感知到自己被爱、被重视，是特别的。这也为曾经有困难行为的孩子提供了一个极好的强化物，花点时间看看照片，可以提醒自己已经取得了什么成绩。

● 周五奖杯

在一周结束时奖励一个孩子班级奖杯，比如因为他一直按时上交家庭作业。这个孩子可以把奖杯带回家过周末，并可以在这周剩余的时间里把奖杯放在课桌上。为了确保所有的孩子在一年中的某个时间都能获得这个奖杯，要做好一份全班花名册的统计。

● 动物投喂时间到！

以小组为单位，让学生们选择一种动物，比如长颈鹿。让他们画出这种动物的头并给它涂上颜色，把它贴在一根透明长管的开口处，然后把这根长管贴在教室的一面墙上。当某个小组表现出正向行为或者完成了一项任务时，就可以把一个乒乓球扔进这个小组的动物的嘴里。当这个小组的管子装满的时候，就可以给他们像“自由活动时间”此类的奖励。

第二部分

PART 2

积极的课堂管理

我们都坚信，每个孩子，无论社会地位、经济状况以及情感状态如何，一生中都有权利得到同等的机会。只有在正向的课堂环境里，只有当教师鼓励孩子们做自己的主宰、为自己负责时，这一点才有可能实现。所以，要鼓励孩子做出正确的选择，并在他们向正确的方向迈出踏实的一步时给予表扬。

如果把课堂比作一张大拼图，每个学生就代表着每一块拼图。想让这张图片看起来完整，每一块分合板都应该被仔细排列到正确的位置。要做到这一点，我们需要拥有正确的专业知识，知道如何拼，并且给予其充分的时间和精力。要知道，只要拼错一块分合板，整幅图就不是整齐划一的。这才是我们致力于创造的和谐图景。

● 你的教学有效吗？

身为教师，我们有责任为孩子提供一门引人入胜并能够激发他们好奇心和独立思考的课程。从经验来看，那些能让孩子融入其中并鼓励他们自主学习的课程往往是行为问题最少的课程。孩子天生就享受学习的过程，我们创造的课程越有创意、有想象力，他们学习的过程就越有趣！

2006 年至 2008 年，戴教授和诺丁汉大学的一个团队（Day et al. 2008）带头做了一项为期两年的研究报告，其重点为有效的课堂实践。该报告旨在揭示有助于有效教学的关键因素。

该研究基于调查及评估数据，从具有有效性的学校招募了 80 名教师。该研究从学习环境、课程本身以及教师人格魅力三方面入手。结果显示，教学更具有效性的教师会通过挑战孩子的想法，启发他们，让自己的教学更具创新精神，并根据孩子的能力与兴趣加以适当的区分，以创造积极的学习氛围。该报告清楚地表明，教学经验最丰富的教师不一定是教学过程最有效的教师。在最有效的教学中，往往可以看到以下品质：

* 对工作的热情
* 志在帮助每一个孩子获得成功

* 积极的师生关系
* 积极性高
* 工作专注、性格坚韧
* 丰富的学科知识

正是因为拥有这些品质，教学效果最显著的教师能够专注于树立自尊、建立信任及维持他人对自己的尊重。如果能在课堂中不断流露与展现出这些品质，你就可以认为你的课堂是一个有着积极学习环境的课堂。

技巧 6

建立有效的惯例

● 行为

惯例有助于减少课堂内的行为挑战,是建立一个管理得当、组织有序的课堂的关键。学生们喜欢惯例，因为它易于理解也容易实现，即使情形改变也能灵活调整。研究表明，大多数行为问题都是缺乏从一而终的课堂惯例导致的。成功的课堂一般设有以下惯例：

* 与进入教室的孩子和访客见面并打招呼

* 顺利融入课堂

* 在教室内四处走动

* 签到
* 有策略性地排座位
* 处理迟到行为
* 吸引孩子的注意力
* 提前完成课程教学
* 削铅笔
* 寻求帮助
* 按课间休息及午餐时间作息
* 发放教具
* 家庭作业
* 去洗手间
* 班级工作
* 消防演习
* 打扫教室
* 顺利离开课堂
* 放学时间

◇ 应对技巧

● 确立惯例

给学生们展示班级惯例，并定期与他们一起回顾，检查学生是否理解这些惯例。解释不同惯例背后的理论依据。向学生示范这些惯例或者程序。保持惯例的一致性。花些时间反复强调这些惯例，因为在学年初期确立下惯例之后，这一年剩下的时间对老师和学生来说会变得更加轻松且富有成效。

● 学生的声音

设立班级惯例时让孩子参与进来很重要，因为这给了他们当家做主的权利，未来他们才更有可能让这些规则更具权威性。孩子们在惯例制定中参与度越高，你课程的运转就会越顺利。

● 我们需要惯例吗?

在学年开始的时候，让班级以小组为单位思考惯例的存在，为什么我们班需要惯例？然后让孩子们发现课堂上存在或潜在的可以通过惯例加以解决的问题。确定这些问题或热点后，让孩子们想一些可以作为惯例的有趣活动，比如在打扫教室的时候播放《碟中谍》（*Mission Impossible*）的主题曲。

● 符号

在例行惯例时有时候需要提醒孩子，而符号是一种很好的提醒方式。让孩子拍出或者画出惯例，予以划分，然后放在教室的指定位置，提醒孩子，比如，挂外套。当孩子应该执行这一惯例时，教师只需要指向相应的符号即可。

● 自行签到

让孩子自行签到是开始新一天的好方法。把签到环节变成一个游戏：当点到名字时，让每个学生回答自己当天早上的心情，比如开心、兴奋、疲倦等。鼓励每个孩子用外语或者数字系统回答。给每个孩子分配一个数字，通过说出这个数字来表明自己的正常出勤。这一种签到方式既省时又有趣。电子签到也是统计孩子出勤的一种快捷方式。

● 有节奏的惯例

音乐是强化惯例的有趣方法。从电视节目或者电影中选取音乐当作信号，表示放学后要打扫卫生。音乐的长短很重要，因为学生需要知道他们还剩多少时间。比如，打扫教室时，《碟中谍》的主题曲就是个不错的选择。同时，运用信息技术可以直观有趣地强化惯例。例如，有倒计时时钟和计时器的网站是用来课程计时的很好资源。

● 发放教具

课程开始时，在班上选几个孩子负责发放教具，以减少后期课程中不必要的中断。每半个学期换一批学生。

◇ 寻求帮助

● 信号纸条

将红色、橙色和绿色三种颜色的纸剪成纸条，贴在孩子的书桌前面。如果孩子不需要帮助，就翻动绿色的纸条；如果他不确定能否完成任务，就翻动橙色的纸条；如果需要帮助，就翻动红色的纸条。

● 红绿橙信号杯

与“信号纸条”的功能类似，每个孩子都有一个红绿橙信号杯。他可以选择杯子的不同颜色，展示自己对课程的理解程度。绿色的杯子表示他已理解课程任务；橙色表示他理解了个中概念；红色则意味着他一点儿都听不懂，需要进一步的帮助。

技巧 7

帮助孩子顺利融入课堂

● 行为

我们永远不知道学校上课铃响前，孩子们怀揣着怎样的情绪进入我们的课堂。归根结底，我们希望每一个孩子在走进教室时都很开心和兴奋，求知若渴。然而事实上，对许多孩子来说，做到这一点比其他任何事都难。那么作为教师，我们就需要创造温暖的、有针对性的、充满关怀但又严厉的方法来建立期望，这些期望是营造积极的学习环境的要素。孩子们需要学习的动力，带着积极的态度走进教室是新一天的良好开端！

◇ 应对技巧

● 见面及打招呼

每个人都想得到重视、希望感受到自己的独特性，孩子也不例外。我们永远不会知道学生在来学校前度过了一个什么样的早晨，因此我们与他们见面和打招呼的方式至关重要，要让他们感到受到重视，同时也要向他们传达班级的期望、规则和惯例。让他们知道当他们进入教室时我们期望他们做什么非常重要，否则他们可能会做出不必要行为。

为了做到这一点，我们需要（即使在我们的休息时间）让他们相信我们想在那儿迎接他们，因为他们很重要。站在门口，面带热情的微笑和他们交谈，比如："昨天和妈妈去看电影感觉怎么样？"在此过程中一定要表现出我们对他们和他们的生活感兴趣。

● 出了什么问题?

如果一个孩子早上到校时不开心，那就花点时间弄清楚问题出在哪里。只需要倾听他们的故事，就能避免发生不必要行为。问题可能有很多种，比如他没吃早饭，这种问题用一片吐司或者水果就可以解决。

◇ 顺利融入课堂

● 第一次接触

第一次与孩子们接触时一定要充满热情。你需要以一种沉着、自信的方式立即建立尊重，并向他们传达课堂已经制定出规则和期望。在教室外与孩子打招呼能有效帮助学生融入课堂，可以站在教室门口欢迎他们进来。准备好迎接他们的到来。学生必须有序进入教室，坐到自己的课桌前，完成事先为他们准备的任务。记得多用夸奖来强化他们的良好行为。

● 还没准备好进我的教室吗?

很有可能有一两个（或者更多）孩子会在边缘“试探”，不按照你的要求进入教室。例如，他们可能开始说话，或者大声喧哗，或试图插队。针对此情景有一个非常有效的应对策略，果断地对这个孩子说：“你还没准备好进入教室……请在那儿等会儿，等你准备好再说。”

之后，回到你要求在教室外面等候的孩子身边，对他说：“你现在准备好进教室了吗？”这时，这个孩子很可能已经准备好，自然会以冷静、专注的方式进入教室。

● 正强化

等所有其他孩子都在教室落座，再次提醒他们完成事先准备的任务，并表扬那些出色完成任务的孩子。还可以发一些兑换币作为奖励（参见“技巧 5”中奖励部分），并说：“做得好，孩子甲，你在安静地阅读。我看看还有谁在安静地阅读。”这样做之后，孩子会因为想要获得奖励更有动力完成这项任务。

此时，全班同学都很平静，注意力集中，准备好上第一节课了。在一整天里，只要孩子需要进入教室时都要重复这个过程。这样孩子们就知道你对他们的期望是什么了。

◇ 反思时间

● 放松的音乐

在一天的第一节课之前，给孩子播放一段一到三分钟的音乐，让孩子做好上课的准备。鼓励他们闭着眼睛坐着或者双手抱头，帮助他们集中注意力。听完这段音乐后，孩子会变得平静，准备好迎接这天的课业了。在第一次课间休息和午餐休息后可以重复这一步骤，以帮助孩子们重新集中注意力，使他们冷静下来，做好上课和学习的准备。

● 互相按摩

学生之间互相按摩能很好地帮助学生冷静下来，帮助他们提高注意力，前提是学校接受过这方面的培训。学生互相按摩有更多好处，其中包括：

* 培养彼此之间的尊重
* 减少霸凌和侵犯行为
* 帮助孩子在学校安定下来，集中注意力
* 建立积极的人际关系
* 提高自尊心和自信心
* 帮助孩子了解触碰的安全距离

技巧 8

解决迟到问题

● 行为

孩子上课迟到是一个常见问题。他们上课迟到的原因有很多，包括：

* 交通拥堵
* 上学路上遇到霸凌
* 弱势群体，比如漂泊的孩子
* 情感问题
* 家庭困难

◇ 应对技巧

● 维持课程

孩子上课迟到时，他们可能会问“他们需要做什么”此类问题，这样就会扰乱课堂秩序。可以通过制定迟到的处理程序以减少这种情形。该程序包括允许他进入教室，引导他完成事先准备工作，直到准备好再向他解释当前你们在做什么。

● 及时跟进

按照学校的政策，必须跟进孩子迟到的原因。如有必要，建议和他的父母或者监护人见面，因为迟到可能不是他的错。在此过程中，一定要让全班看到你对迟到有所作为，并且一直遵循学校规定的程序办事。

● 小组竞技

如果你的班上有迟到问题，可以考虑给孩子分组。这些小组可以竞相得分。比如，组内成员做出明智之举，完成课业，按时到校，等等，都可得分。这种形式的同伴压力能激励孩子按时到校，效果明显。给每个团队一个目标，并在一周、一个月以及一个学期的最后给予相应奖励。

● 结伴

鼓励孩子和自己住得近的同校生结伴，这样他们就可以一起走路上学了。这时，两个孩子都有责任督促对方准时到校，效果也十分显著。

● 行为示范

鼓励孩子做出正确的选择时，向孩子示范你想看到的行为，这非常有用。设想一下，如果你上课迟到，那么会向孩子传递什么样的信息呢？所以，一定要准时到教室准备迎接孩子。

● 步行巴士服务

学校可以设立步行巴士服务，帮助那些很难按时送孩子上学的家长。这样可以避免校门外停车拥堵，同时孩子们也可以有机会观察附近的环境。此类服务需要给予适当的监督，也需要进行正确的风险评估。运用得当可以非常成功地帮助父母和孩子在正确的时间到达学校。

● 阅读疗法

为了帮助孩子理解并学会管理自己的情绪，可以向他们介绍一套书，比如关于迟到的书。孩子们有时会发现很容易与书中的人物产生共鸣，这本身就能帮助他们理解自身的问题，并找出应对策略。

● 后续步骤

当认定学生做出上述行为，并尝试和实施了一种技巧后，你可能会发现该行为依然在发生。以下为针对此情况做出后续步骤的建议。

第一步 安排与家长或监护人见面，讨论孩子的行为以及解决问题的思路。

第二步 与特殊教育需求协调员（Special Educational Needs Coordinator，SENCO）或者其他国家同职能机构人员见面，探讨是否可以制定具体的、可量化目标的个人行为规划。

第三步 给予让他们改变自己行为的时间，小步骤会造就大变化。

第四步 记住，孩子各不相同，一个技巧并不适用所有问题。要尝试各种不同的技巧，直到找到最适合自己和任教班级的那一个。

技巧 9

出色完成课程教学

● 行为

最出色的教学能激发孩子的兴趣，赋予他们力量，让他们沉浸其中。对于那些课程设计富有创造性和想象力的老师，他们的学生也往往会全神贯注、心无旁骛，很少表现出不必要行为，这是对他们付出的回馈。周密的课程计划以及良好的组织策略会帮助你把自己的课上成你心中的模样。如果你已经穷尽了你所知道的所有技巧，何不试试以下技巧？它们可能会令你大吃一惊！

◇ 应对技巧

● 有策略性地排座位

让那些有可能表现出不必要行为，或者注意力难以集中的孩子的座位面对老师。这样，老师就能够及时“捕捉”良好行为以及不当行为，比如眼神游移、面部表情异常等。当一个孩子开始表现出不当行为时，无论多么不起眼，都要在它升级到难以控制的程度之前立即捕捉到。

● 座次安排

教室里的座次安排和布局可以有很大变化。根据英国文化协会推荐，教师在给孩子安排座次时应该考虑以下几点：

* 我能看到孩子们的脸吗？他们能看见我吗？
* 所有人都能看到黑板吗（如果你打算用它的话）？
* 孩子们能看到彼此吗？
* 我能在教室走动以便有效监督学生吗？

画出教室的座位图，给每个孩子分配一张课桌或者在地毯上给每个孩子分配一个位置。这样可以避免发生不必要行为，学生不用为与谁同桌争吵，也无须为地毯上最喜欢的位置，尤其是有柔软的椅子的位置争抢。

- 按牌就座

给每个孩子一张扑克牌,以此随机安排孩子在教室里就座。学生可以按照牌的花色就座，比如按照红桃和梅花分别就座，或按照奇数（3，5，7……）或偶数（2，4，6……）分别就座。

- 课程教学

想要创造一种积极的学习环境，在上课前需要获得孩子们的注意力。

- 吸引他们的注意力

当你准备好上课时，要等到学生全神贯注时再开始（见技巧 14，吸引孩子的注意力）。谨记，如果有任何孩子还在说话，一定不要开始上课。

- 任务

解释课程任务并检查孩子是否已经理解。将课程安排成时间更短的课,帮助孩子保持注意力集中。确保知识输入时间简短，句句切题。遵循根据孩子的年龄确定课程输入时间的规则。比如，如果班上的大多数孩子年龄都是8岁，那么知识输入的时间应该不超过8分钟。

● 因材施教

如果我们没有计划去满足孩子们的需求，有时会演化出不必要行为。根据孩子的各种才能对他们加以区分，能帮助他们实现教师对他们的期望。利用易上手的实践资源支持能力较差的孩子，这样可以促进他们的理解，帮助他们专注于课堂任务。不专心的孩子容易开小差，然后开始表现出寻求关注的行为。在课程中融入挑战同等重要，这样才能不断激发和维持孩子们的兴趣。

● 合作时间

在课堂过程中，孩子们可能有机会和同伴一起合作。为了避免出现分歧和其他不必要行为，给每个孩子一张画有钟表的图片，然后让他们在钟表上的数字旁边写上他想要一起合作的同伴的名字，例如，一点钟：约翰·摩尔。等到需要孩子们和同伴一起合作的时候，就在钟表上喊出一个时间，然后孩子就可以和那个同伴一起合作，例如，九点钟：艾哈迈德·阿里。

● 教师的位置

教师在课堂中的位置是营造积极学习氛围的关键。如果可能，尽量不要背对孩子站着或坐着，这样可以让你立即识别出适当行为和不当行为，然后做出适当的反应。在黑板上写字时，身体要保持一定的角度，以便能看到整个教室。通过四处走动将整个教室变成你的领地。环视整个课堂，用眼睛一遍又一遍地“扫视”，“捕捉”适当或不当行为。

● 课程结束

课程结束时,告诉孩子们,马上要进行一个“桌面检查”比赛。比如，他们将有 60 秒的时间整理自己的学习区域，然后你会对每张课桌进行评分，满分 10 分。

接着，告诉学生课程进展顺利，并感谢他们能参与其中。

然后，站在教室门口，让孩子以小组的形式依次下课，避免走廊拥挤。

最后,与每个孩子告别时,要么对他说一些充满正能量的话,要么给他一个微笑，并说“再见”。

◇ 噪声音量

● 同伴的声音

如果这节课需要孩子与同伴轻声细语地交流，想要确保这种情况发生的一个方法是：在设定好该堂课的活动后“捕捉”一个低声说话的孩子。然后停止上课，给这个孩子一个象征性的奖励。轻声细语自此就会开始传染，并且在整节课中奖励某些这样的行为，你就会发现全班同学都专注于活动，安静且富有成效。很快，孩子们就开始把不同的音量与特定的活动联系起来。

● 你们能听到音乐声吗?

这是让学生在教室里保持一定音量的有效方法。如果噪声音量太高，就听不到音乐声了。如果发生此情形，教师可以问学生：“你们能听到音乐声吗？”孩子们必须压低声音才能听到音乐声。如果课堂需要在安静的氛围中进行，需要同伴之间轻声细语地交流，抑或是需要小组讨论，可以把音乐声调到相应的音量。

◇ 打扫卫生时间

● 隐藏在凌乱中的乐趣

打扫卫生的时间可以非常有趣。无论课程的主题是什么，都可以把它包含在打扫卫生的过程中。比如，告诉孩子教室周围的凌乱之处隐藏着多个球，每找到一个球，孩子们就会相应得到一个兑换币作为奖励。只有在教室打扫干净后，你才可以结束游戏并宣布获胜者。

● 按节奏整理

选择一首与打扫卫生步调一致的音乐。当音乐响起时，让孩子跟着音乐的节奏整理教室，鼓励他们在教室里跳舞，同时让他们收拾自己的书包。整理完毕后，停止播放音乐。

● 忙碌的小蜜蜂

设计一个平面蜂巢，贴在教室的墙上，并为每个孩子剪一只蜜蜂。让孩子把他们的名字写在自己的蜜蜂上，然后把所有的蜜蜂放到蜂巢里。给孩子们安排任务，把值日学生的蜜蜂放在蜂巢周围。等到该打扫卫生的时候，让这些忙碌的小蜜蜂（蜂巢周围的蜜蜂）完成自己的工作。记得每周或每月轮换一批值日学生。

技巧 10

集会时终止不必要行为

● 行为

在英国，法律要求每个孩子每天都要参加集体礼拜活动，除非有不同宗教信仰可不参加。集会时间是进行精神反思和道德教育的好时机。通过祈祷、吟唱和讲故事可以引发学生对学校社区的归属感，这也是创造相互反思时间的重要方式。为了实现这一目的，我们需要鼓励孩子沉着冷静，做优秀的倾听者，然后思考他们的行为可能如何影响到其他人。

◇ 应对技巧

● 榜样示范

如果教师不能示范自己对孩子们的期望，我们又怎么可能期望孩子在集会上做到沉着冷静和专心致志呢？平静地坐着，不与他人交谈、私语，这就是在向你的班级展示你希望他们表现出的行为方式。

● 为集会做准备

让孩子们按集会队列顺序排好队，把那些有可能破坏秩序的孩子战略性地安排在队列当中，让他们在那些不太可能表现出不必要行为的孩子之间。进入集会之前，让队列有平静的放松时间，这样可以帮助你的班级为接下来的集会做准备。孩子们应该平静地离开教室，不能喧哗打闹。这一点可以通过练习做到，而且确实有效。

● 走进会场

可能有一两个（或者更多）孩子在秩序的边缘“试探”，不按照你的要求进入大厅。例如，他们可能大声说话或者叫嚷，或者试图插队。应对此情形的一个非常有用的策略是迅速果断地对这个孩子说："你还没准备好进大厅……请在那儿等会儿，等你准备好再说。"

之后回到你要求在大厅外等候的孩子身边，并对他说："你现在准备好进大厅了吗？"这时，这个孩子很可能已经准备好了，自然会以冷静、专注的方式进入大厅。

● 集会的座次

如果孩子们按照队列顺序（见"为集会做准备"）进入会场，那么落座后做出不必要行为的可能性就会大大降低。

● 教师的位置

集会时，教师所在的位置是营造反思的、凝神静气的氛围的关键。把自己的座次安排在班级里任何可能做出不必要行为的孩子附近。"比邻而坐"是一个非常强大的技巧，有助于阻止发生不必要行为。环视你的班级，用你的眼睛一遍又一遍地"扫视"他们，"捕捉"适当或不当行为。

● 非语言交流

如果有孩子做出不必要行为，你可以用非语言的方式表达出你的期望，例如，把你的手指放在嘴唇上，明示他不许说话。有时候，孩子们需要的只是一个温馨的提醒，帮助他们重新融入集会。如果一个孩子的行为开始搅扰到其他人，那么就按照你的课堂纠正措施去应对。积极地强化你想看到的行为同样很重要，比如为一个孩子竖起大拇指或给他一个微笑。

- 重要职责

如果你班上有个孩子在集会过程中难以表现出正确行为，那就分配给他一份职责，比如，操作投影仪。这不仅可以重新引导他的注意力，而且可以通过让他身居要职提升他的自尊心。

- 团队分院

把学生配到自己分院的团队，鼓励他们在集会时表现出正确的行为。如果表现良好，相应的分院团队可以获得分数。这种形式的同伴压力非常有效。给这些分院团队设定一个目标，然后用每日奖励、周末奖励、月末奖励或学期末奖励来激励他们。

- 奖励图表

如果一个孩子在集会中有可能表现出不必要行为，那就为他设定可实现的目标，帮助他做出正确的选择。可以借助一张奖励图表来设定这些目标。用奖励图表管理一个班集体或修正单个孩子的行为，是一种有效的激励方式，因为通过此表孩子可以跟踪自己的进步足迹。但前提是他明白什么是良好行为，并能保持专注，直到他获得最终的奖励，例如在一节课、一天或一周结束时的奖励。要和这个孩子一起设定他的目标，比如走进集会，和全班同学一起安静地坐 5 分钟，然后在教师的监督下在另一个房间完成一项任务。一旦孩子完成该目标，可以把时间延长，例如，静坐 10 分钟等。

● 阅读疗法

为了帮助孩子理解并学会管理自己的情绪，可以向他们介绍一套书，比如关于讲述愤怒情绪的书。孩子们有时会发现很容易与书中的人物产生共鸣，这本身就能帮助他们理解自身的问题，并找出应对策略。

● 后续步骤

当认定学生做出上述行为，并尝试和实施了一种技巧后，你可能会发现该行为依然在发生。以下为针对此情况做出后续步骤的建议。

第一步　安排与家长或监护人见面，讨论孩子的行为以及解决问题的思路。

第二步　与特殊教育需求协调员或者其他国家同职能机构人员见面，探讨是否可以制定具体的、可量化目标的个人行为规划。

第三步　给予时间让他们改变自己的行为，小步骤会造就大变化。

第四步　记住，孩子各不相同，一个技巧并不适用所有问题。要尝试各种不同的技巧，直到找到最适合自己和任教班级的那一个。

技巧 11

禁止学生擅自离开教室

● 行为

一个孩子擅自离开教室不仅不能为他人所接受，同时还可能导致孩子将自己置于危险之中。

学生擅自离开教室的可能原因：

* 班级缺乏规章制度
* 试图引起教师的注意
* 因课堂里发生的事情而心烦意乱
* 想去更具吸引力的地方
* 对他们觉得有挑战性的事情做出的反应
* 发现了一项很难完成的任务

◇ 应对技巧

● 即时响应

无论孩子擅自离开教室的原因是什么，都必须立即掌握他的去向。可以把事情报告给校长、高层管理人员或者办公室人员。

使用何种方法帮助孩子积极管理自己行为取决于这个孩子离开教室的原因。下面是我们提供的一些建议。

● 猫鼠游戏

不要追逐孩子。追逐孩子会导致“猫捉老鼠”式的游戏，导致教师对这种行为做出不必要的高能反应。这种追逐最终不仅会促使他继续擅自离开教室，同时可能把你和孩子一起置于危险的境地，比如，跑过停车场或者跑上主干道。

● 保持冷静

处理此情形之前，保证自己处于冷静和放松的状态。这一点很重要，因为这不仅能帮助到这个孩子，还能确保你能以一贯和公平的方式进行处理。

● 寻求关注行为

如果孩子离开教室是为了取得教师的关注，那么当他回到教室时，尽量少和他互动，并让他参与到课堂任务当中。这样做是为了避免让他认为，离开教室确实能获得关注。

● 静享时间卡

给这样的孩子一张“静享时间卡”，当他想要离开教室时，可以出示这张卡片。这张卡片允许他在教室里或备用教室里静享五到十分钟。当他出示该卡片时，就会得到奖励，因为他做出了正确的选择，没有擅自离开教室。

● 去洗手间

如果孩子擅自离开教室去洗手间，处理方法见技巧 12“处理围绕去洗手间产生的问题”。

● 阅读疗法

为了帮助孩子理解并学会管理自己的情绪，可以向他们介绍一套书，比如关于感知沮丧的书。孩子们有时会发现很容易与书中的人物产生共鸣，这本身就能帮助他们理解自身的问题，并找出应对策略。

● 后续步骤

当认定学生做出上述行为，并尝试和实施了一种技巧后，你可能会发现该行为依然在发生。以下为针对此情况做出后续步骤的建议。

第一步　安排与家长或监护人见面，讨论孩子的行为以及解决问题的思路。

第二步　与特殊教育需求协调员或者其他国家同职能机构人员见面，探讨是否可以制定具体的、可量化目标的个人行为规划。

第三步　给予时间让他们改变自己的行为，小步骤会造就大变化。

第四步　记住,孩子各不相同,一个技巧并不适用所有问题。要尝试各种不同的技巧，直到找到最适合自己和任教班级的那一个。

技巧 12

处理围绕去洗手间产生的问题

● 行为

学生厕所可能是学校里监管最薄弱的地方，因为这里通常无人监督，特别是上课时间。霸凌、虚度光阴、涂鸦墙壁、破坏公物以及推搡打闹都是学校里可能出现的行为。如果我们能预判，就可以从一开始采取一些策略，避免这些行为发生。

◇ 应对技巧

● 健康问题

如果一个孩子频繁离开教室去洗手间，有可能是身体原因造成的，比如患有尿路感染，建议与他的父母/监护人联系。

● 如厕时间表

为避免课程中断，提前计划好如厕时间，比如：

1. 点名之前
2. 第一次课间休息之前
3. 午餐时间之前
4. 最后一次课间休息之前

● 洗手间监管

如果有学生蓄意破坏洗手间，故意把洗手间弄得乱七八糟，或者在墙面上乱涂乱画，要尽快确定是谁干的。

定期检查洗手间，并且让孩子们每次出门去洗手间时都把自己的名字写在监督表上，这样就可以找到肇事者。找到这个孩子后，必须立即让其承担相应的后果，如果需要，可以联系父母/监护人见面。

● 签到，签退

一张签到签退表可以有效监督每个孩子如厕的时间。可以将这张表放在教室门口处，并在旁边放一个钟表，孩子离开和回到教室时，必须在他的名字旁边记录下时间，这也给了他一个练习认识钟表的机会。

● 分秒必争！

有些孩子故意延长在洗手间的时间，他们可能会做出一些不必要行为，比如与其他孩子闲聊，或者只是发呆。为了缩减被拖延的时间，可以在每次孩子离开教室时约定一个时限，借助沙漏计时器、教室的钟表或者秒表来设定。如果孩子在规定的时间内回到教室，就可以奖励他一张抽奖券。

● 洗手间通行证

让孩子们设计一张洗手间通行证,通行证需要做成卡片状，并在上面绑上一根绳子，以方便佩戴在脖子上。如果有孩子想上洗手间，可以给他这张通行证。这时，其他教职工可以清楚地看到他是获得教师的许可后才离开教室去洗手间的。通行证还限制了任意时间去洗手间的孩子数量：如果另一个孩子想去洗手间，他必须等待持通行证的孩子回到教室。

- 洗手间票

每个孩子每周都会得到一定数量的洗手间票，可以用这些票在规定时间之外上洗手间。那些去洗手间次数超过正常范围的孩子可能需要就医。

- 洗手液通行证

讲究卫生非常重要，尤其是上洗手间的时候。为了确保每次只有一个孩子去洗手间，孩子去洗手间时，需要把你桌子上的洗手液瓶拿下来放在他的桌子上，表明他离开了教室去洗手间。回来的时候，这个孩子需要先用洗手液洗手，然后把瓶子放回你的桌子上。

- 手语表达

学生打报告去洗手间可能会扰乱你的课堂进程。教孩子用手语表达“我能去洗手间吗？”这样做不仅不会扰乱课堂秩序，还能教会他们一项新技能，而且很有趣。

● 阅读疗法

为了帮助孩子理解并学会管理自己的情绪，可以向他们介绍一套书，比如关于讲述无聊情绪的书。孩子们有时会发现很容易与书中的人物产生共鸣，这本身就能帮助他们理解自身的问题，并找出应对策略。

● 后续步骤

当认定学生做出上述行为，并尝试和实施了一种技巧后，你可能会发现该行为依然在发生。以下为针对此情况做出后续步骤的建议。

第一步　安排与家长或监护人见面，讨论孩子的行为以及解决问题的思路。

第二步　与特殊教育需求协调员或者其他国家同职能机构人员见面，探讨是否可以制定具体的、可量化目标的个人行为规划。

第三步　给予时间让他们改变自己的行为，小步骤会造就大变化。

第四步　记住，孩子各不相同，一个技巧并不适用所有问题。要尝试各种不同的技巧，直到找到最适合自己和任教班级的那一个。

技巧 13

帮助孩子顺利离开教室

● 行为

上文说到，教师需鼓励孩子以一种平静、积极的方式进入教室。同样，鼓励孩子以同样的方式离开你的教室也不可或缺。如果孩子抱着正确的态度离开教室，他们就不太可能在课外发生不必要行为。无论是带学生去上体育课还是参加集会，冷静而理智地离开教室将会消除不必要行为。

◇ 应对技巧

● 期待

在列队以前，告诉孩子们要去哪里，以及对他们的期望是什么。比如："集会的时间到了，我会奖励那些能理智地排队、安静地走进人群的孩子。"

● 排队

如果有孩子做出不必要行为，就把他们战略性地安排在队列当中，让他们站在那些不太可能表现出不必要行为的孩子之间。给孩子们排队的方式有很多种，下面有一些相关建议。

● 按男生、女生、男生、女生顺序排队

让班级以男生、女生、男生、女生的顺序间隔站队。让女生靠门口排成一排，然后让男生紧贴排好的女生队列排成一排，形成两条平行线。等队伍安静下来之后，让男生队列的第一个男生走在前面，后面跟着女生队的第一个女生，然后是第二个男生，再然后是女生，以此类推。老师必须走在队伍的最前面。如果有助教的话，让助教跟在队伍的最后。

● 按字母顺序排队

对于年龄稍大一点的孩子，让他们按照名字的字母顺序站队。教师按照字母表顺序一一喊出字母，如果一个孩子的名字以这个字母开头，就邀请他到门口排队。这种站队游戏的规则可以多样化，例如，按照姓氏开头字母或者出生地开头字母的顺序排队。

● 立正

让孩子们靠门口排成平行的两排。然后教师可以给出以下指令：

1.“原地休息！”：这时，孩子可以在队列中松散下来，比如，不用对齐，或者可以闲聊。

2.“立正！”：这时，孩子们必须迅速集中注意力，并拢双腿，挺直身体，双手放在身体两侧，不能说话，与前面的人正对齐。

● 按数字列队

当教师教了这个班级一段时间，已经了解学生中潜在的不必要行为后，可以给每个孩子分配一个数字，让那些可能会表现出不必要行为的孩子总是排在有助于促进积极行为的孩子旁边。排队的时候，教师只需按顺序喊出数字，每个孩子自会站到相应位置。

● 我能听见你说话吗？

把排队变成一项游戏。让每个座位上的学生尽可能安静地依次排队。其他的孩子要注意听，看看能否抓到说话的孩子。最后，奖励最安静的孩子。

● 手语表达

教你班上的孩子用手语表示他们的名字。然后，随机选一个名字,用手语表达出来。如果相应的孩子认出这是自己的名字，就举手，然后就可以离开教室排队。如果他没认出自己的名字，继续用手语表达别的名字，直到所有人都离开教室。对于第一次没能反应过来的学生，可以重复一遍手语。

● 分院团队

让孩子们按照他们所属分院的房子排好队，比如，绿房子里的孩子先排队。安静又理智地排好队的分院团队将获得 n 个分院积分。

● 思维游戏

孩子们在排队时，让他们想出以某个字母为开头的单词。队伍安静下来后，问每个孩子想到的单词。这可以让孩子们的思维忙起来，从而不太可能做出不当行为。

● 消防演习的顺序

让孩子们按班级登记在册的消防演习的顺序排好队。这不仅可以让学生高效地排好队，而且也是为学校内部的消防演习做的一次又一次练习。

◇ 回家时间

● “哇哦！”券

所有孩子都喜欢得到夸赞。让孩子在积极的气氛中回家，最好的方法是给每个做出正确行为的孩子发“哇哦！”券。这些券可以很容易地用电脑制作出来。在把它交给孩子的父母/监护人前，教师在上面填好字，然后让学生写上一句评语。例如：

哇哦！查理今天表现得太出色了！

我帮忙捡起了所有的玩具！

● 错峰下课

当标志着一天结束的铃声响起时，让孩子以小组的形式依次下课，从而避免任何不必要行为的发生。当其他小组还在等待的时候，可以让他们进行一些安静的活动，比如脑筋急转弯。

第三部分

PART 3

重新集中注意力

不专注学习、常做不当行为或者忽视教师的指令的孩子往往都不是有效的学习者。如果没有将这些行为扼杀于摇篮之中，很快就会影响到课堂的学习。孩子注意力不集中的原因有很多，我们需要确保自己把自测表上的所有事项一一检查完毕，然后再开始制定具体的策略。有时，可能有必要与所有孩子一起再次强化班级期望，这样他们就能真正清楚地知道教师对他们的期望是什么，如果他们没有遵循这些期望会得到什么后果。注意使用孩子能理解且积极向上的话语，其内容应该强调孩子应该做什么而不是他们不能做什么。

注意力集中的孩子：

* 理解教师对他们的期望是什么；
* 有动力、有兴趣完成交给他们的任务；
* 在结伴合作和小组合作时能与他人合作；
* 是很好的倾听者；
* 为身边的人起到良好的榜样作用；
* 喜欢上学；
* 积极参加课外活动。

技巧 14

吸引孩子的注意力

● 行为

让学生有效回应你的能力对一名任课教师非常重要，尤其是在你想得到他们的注意时。需要这样做的情形很多，比如：

* 消防演习
* 教室或学校内的突发状况
* 课堂内的过渡活动
* 课后的打扫工作
* 实践课
* 发出指令

* 开始上课

* 上学期间的休息时间，如集会时间、课间休息以及午餐时间

* 当班级在教室外活动时，例如在学校操场上或参加有教育意义的参观活动时

◇ 相应技巧

● 节奏游戏

1. 让学生知道，当你想让他们集中注意力时，会用手拍出一个节奏，然后他们必须照做。当你停止拍手时，就表示你想让他们安静下来看着你。

2. 完成任务的孩子会得到之前选择好的兑换币作为奖励。

3. 用手拍一些更复杂的节奏或用身体来表演打击乐，让孩子觉得有挑战性。

4. 增加该游戏的挑战性时，确保他们有能力完成该挑战，不会因此受到打击，否则会对他们的行为产生不利影响。

● 木头人

1.让学生知道，当你想让他们集中注意力时，你会说“123321木头人”，此时，他们要定住不动且不能说话。

2.定住不动时间最长的孩子即完成任务，会获得之前选择好的兑换币奖励。如果所有孩子都在设定的时间内定住不动，就都会得到奖励。

3.给孩子们计时，看看他们是否能打破最高纪录。如果他们打破纪录，就可以获得额外的兑换币。

● 让我看到你的手

让学生知道，当你想让他们集中注意力时，你会举起手说，“让我看到你的手”。此时，每个学生要举起自己的手，然后开始从五倒数到一，手指数量相应变少，学生的声音也随数字变小而变小，直到轻声说“一”。

● 你们能听到音乐声吗?

这是让学生在教室里保持一定音量的有效方法。如果噪声音量太高，就听不到音乐声了。如果发生此情形，教师可以问学生：“你们能听到音乐声吗？”此时，孩子们必须压低声音才能听到音乐声。如果教学需要在安静的氛围中进行，需要同伴之间轻声细语地讲话，抑或是需要小组讨论，可以把音乐声调到相应的音量。

● 动作编号

将数字与动作配对，例如数字 1 表示双手抱头，数字 2 表示触摸脚趾，等等。此后，你就可以说出一个数字或者用你的手指来表示这个数字。你需要和孩子们一起练习这些动作，也可以添加一些新动作让该活动变得更有趣。此后，你就可以用手指比出一个数字，并在孩子完成相应动作时，奖励他们。

● 音乐盒

买一个传统的音乐盒，打开盖子就能播放音乐的那种。每天选择不同的孩子给音乐盒上发条。每当你想要吸引孩子的注意力，就打开这个音乐盒播放音乐，只有当所有的孩子安静下来后才合上音乐盒。选择另一个孩子在一天结束时打开音乐盒，如果它还能播放音乐，孩子们就会得到奖励，因为很明显，这表示他们一整天都在认真听讲。

技巧 15

解决缺乏动力问题

● 行为

有动力、自我感觉良好的孩子更容易处理冲突和抵抗负面压力。他们往往更快乐，笑容更多，更热爱生活。鼓励这一行为的方法就是遇见这一良好行为时对其进行奖励，这样做可以激励孩子做出积极的选择，享受积极选择带来的积极结果。

● 缺乏动力

孩子缺乏上学的动力的原因有很多。教师应该鼓励孩子把学校看成一个能取得成功的地方。学生需要感觉到自己在这里可以有所成就、上学很有趣。了解学生的动力来源是什么对老师也非常有帮助，因为教师可以用这些动力来源吸引孩子学习。

缺乏动力的可能原因：

* 自卑
* 学习困难
* 社交能力差
* 缺乏热情
* 父母的影响
* 受到过校园霸凌
* 缺乏理解能力

◇ 应对技巧

● 检查孩子的学习能力

准确地了解孩子的学习能力处于什么层面，如果有必要，可以考虑对他进行能力评估，因为他缺乏动力可能与学习困难有关。这可以通过学校的特殊教育需求协调员或者其他国家同职能机构完成。

● 正强化

可以通过表扬和正强化来认可学生为改善和完成任务所付

出的所有努力和尝试。多关注孩子的优点，而非缺点。

- 结伴

机会适当时，采用成对互助训练法来完成设定的任务。让班里的孩子结对，互相支持和激励。只要成员能坚持合作，友谊型团队会非常出色地完成任务！与你的班级一起编写一张伙伴列表，并向他们解释在一些学习任务上，他们可以和自己选择的伙伴合作。另外，为所有孩子的行为设定明确的期望至关重要。

- 沙漏计时器

用五分钟或十分钟沙漏计时器和一张跟踪表帮助孩子集中注意力。将这个计时器放在他的面前，并告诉他需要在规定时间内完成的任务。如果他完成了任务，教师就在他的跟踪表上贴一张贴纸/邮票。例如，如果他得到了四张贴纸/邮票，就可以获得五分钟休闲时间的奖励。

- 奖励图表

奖励图表是让孩子保持专注的有效方式，把特定主题的工作表分配给他们，通过盖章来记录，让他们逐步接近目标和奖励。

这是让孩子集中注意力的绝佳方式，与沙漏计时器结合使用时效果尤为显著。例如，将他的目标设定为在十分钟内完成既定任务的第 X 部分。

● 家校联动簿

全天候为孩子提供体验成功的机会，然后向孩子的家邮寄孩子积极进步的记录表，或者建立一个家校联动簿。

● 永不止步

缺乏动力的孩子很容易无所事事。为了避免此情形发生，要为这个孩子的学习做好规划，规划好什么时间学习、什么时间休息，什么时间可以在教室里四处走动，完成不同的活动。这些活动可以是与所教科目相关的学习或任务，例如，利用图书馆或笔记本电脑做一些研究。

● 字典游戏

这是一个让孩子学会团队协作的好游戏。教师从字典中选择一个词语，告诉学生这个词语的第一个字的拼音，然后说出词语的意义，例如，第一个字的拼音为“píng”，“这是一种圆形的水果，有坚实和白色的果肉以及绿色、红色或者黄色的果皮”。第一个说出正确词语的学生可以获得一个兑换币。对于难度更大的词语和定义，可以相应增加兑换币的奖励数量。

● 挑战性任务

所有课程都必须有挑战元素，用以激发班级学生的学习兴趣。设定明确的课程目标，让学生参与制定你希望他们达到的成功标准的过程，这可以鼓励他们更加独立自主。一个由孩子主导以及有其参与课程规划的活动，可以吸引孩子的注意力，激发他们的兴趣。不同孩子的学习方式也有所不同，如果我们在课堂上使用多种学习方法，将有助于保持孩子的兴趣，让他们专心于学习。

● 棒棒糖棒

棒棒糖棒是用来鼓励那些在课堂上不轻易举手回答问题的孩子的好方法。把所有孩子的名字写在棒棒糖棒上，分在两个罐子里。一个罐子里装着总是举手的孩子的名字，另一个装着不愿意举手的孩子的名字。当你想让学生回答问题时，从每个罐子里拿出一根棒棒糖棒，说出他们的名字。这样，就把目标对准了那些可能知道答案但有时却缺乏自信在课堂上举手的孩子。所有人都称心如意！

● 阅读疗法

为了帮助孩子理解并学会管理自己的情绪，可以向他们介绍一套书，比如关于缺乏动力的书。孩子们有时会发现很容易与书中的人物产生共鸣，这本身就能帮助他们理解自身的问题，并找出应对策略。

● 后续步骤

当认定学生做出上述行为，并尝试和实施了一种技巧后，你可能会发现该行为依然在发生。以下为针对此情况做出后续步骤的建议。

第一步　安排与家长或监护人见面，讨论孩子的行为以及解决问题的思路。

第二步　与特殊教育需求协调员或者其他国家同职能机构人员见面，探讨是否可以制定具有具体的、可量化目标的个人行为规划。

第三步　给予时间让他们改变自己的行为，小步骤会造就大变化。

第四步　记住，孩子各不相同，一个技巧并不适用所有问题。要尝试各种不同的技巧，直到找到最适合自己和任教班级的那一个。

技巧 16

克服健忘

● 行为

孩子会在他们的大脑中积极处理接收到的信息，这是他们自然成长的重要部分，因而也难免会忘记一些他们觉得无关紧要的事情。

◇ 应对技巧

● 记忆辅助工具

帮助孩子设计和制作视觉辅助工具，他可以把这些工具放在课桌上，也可以放在抽屉里。这些形象的视觉辅助工具可以提醒学生在上课前准备好所有他需要的学习工具，比如尺子、钢笔、铅笔和课本。

● 直观的时间表

制作一张形象的、叠层状的、直观的时间表，以帮助孩子理解一天的日程，比如他需要去哪里，他需要什么学习工具，等等。制作一张学习日网格时间表，划分上课时间和休息时间，然后打印出代表每一节课的图片或者鼓励孩子把它们画出来。这样，他就会拥有该时间表的所有权，从而更有可能使用它。它能很好地提示孩子，帮助他记忆，让他提前做好准备并成为一个更加独立的学习者。

● 徽章

如果一个孩子发现自己很难记住需要做的某件事，那么让他设计一个徽章作为提醒自己的工具。比如，让他制作一个画有钱币图案的徽章来提醒自己带零花钱去买水果。

● 家庭作业政策

在新学年开始时，如果有一个孩子经常不交家庭作业，请告知他的父母/监护人学校的家庭作业政策。如有必要，安排一场家长会，告诉家长家庭作业的布置时间以及上交时间，并和他们一起讨论家校如何相辅相成，以确保他们的孩子完成功课。

- 功课伙伴

新学年伊始，为确保所有孩子都能按时完成并上交家庭作业，可以为每个孩子安排一个功课伙伴，两两组队。组队要具有策略性，可以把通常很健忘的孩子和有责任心并且有效率的孩子组在一起。引入计分卡的方法，每当一组伙伴按时上交作业，就得一分。在一个月内获得最多分数的伙伴会得到奖励。

- 两套

如果一个孩子总是忘记带铅笔、橡皮和计算器等学习工具到学校，可以安排与其家长/监护人见面，问他们孩子是否可以拥有两套学习工具：一套放在家里，一套放在学校。

- 阅读疗法

为了帮助孩子理解并学会管理自己的情绪，可以向他们介绍一套书，比如关于健忘的书。孩子们有时会发现很容易与书中的人物产生共鸣，这本身就能帮助他们理解自身的问题，并找出应对策略。

● 后续步骤

当认定学生做出上述行为，并尝试和实施了一种技巧后，你可能会发现该行为依然在发生。以下为针对此情况做出后续步骤的建议。

第一步　安排与家长或监护人见面，讨论孩子的行为以及解决问题的思路。

第二步　与特殊教育需求协调员或者其他国家同职能机构人员见面，探讨是否可以制定具有具体的、可量化目标的个人行为规划。

第三步　给予时间让他们改变自己的行为，小步骤会造就大变化。

第四步　记住，孩子各不相同，一个技巧并不适用所有问题。要尝试各种不同的技巧，直到找到最适合自己和任教班级的那一个。

技巧 17

处理寻求关注行为

● 行为

给予关注是鼓励积极行为和减少不必要行为的有力技巧。学生由于种种原因喜欢受到关注。如果有些孩子在做出良好行为时并没有获得足够的正面关注，他们往往会诉诸那些可以博取负面关注的行为，例如制造杂音或大声喊叫。有些学生宁愿获得这种负面关注，也不愿完全不受关注。适时地给予学生正面关注并忽视其某些行为能非常有效地解决此问题。通过以上两种方式，孩子很快就能认识到，积极行为可以获得正面关注，而消极行为得不到任何关注。

学生寻求关注的可能原因有：

* 班级缺乏规章制度对其进行约束

* 没有归属感

* 自卑

* 不成熟

◇ 应对技巧

● 高光时间

“高光时间”是帮助有寻求关注行为的孩子一个很好的方法，前提是要每天始终如一地施行这一技巧。

在课程开始时，告诉孩子什么时候是他的“高光时间”以及你对他的期望是什么，以便让他尽情享受这段“高光时间”。例如，告诉他：“半小时后就是你的高光时间，届时我希望你已经完成我悄悄安排给你的任务。”还要记得告诉孩子他的“高光时间”有多久，并在这段时间结束之前给他足够的提醒。

鼓励孩子想一些他想在“高光时间”和你一起做的活动，比如棋盘游戏、画画、做糖霜饼干或者阅读一本书。需要注意的是，这段时间并不是你用来教这个孩子知识的，而是用来和他聊天，享受互动，在他需要时给予帮助以及不断表扬他的。

不要剥夺他享受“高光时间”的权利。不过，有必要的话，在他努力争取获得“高光时间”的时候，可以在他每做一次错误的选择时扣除一分钟的“高光时间”。这向他传达了一个明确的信息，他的消极选择，例如在课堂上大声喊叫，会让他丢失与你一起共享活动的时间。

● 正面关注

有寻求关注行为的孩子会采取种种方式博取你的关注。想要消除这一消极的行为，你需要让他不断地从你这里得到正面的关注。你可以常用一些鼓励的话语激励他，与他进行眼神交流，然后给予微笑或善意的手势。

● 荣誉证书

荣誉证书或大或小，可以在一天的不同时间段发放，以强化你想继续看到的积极行为。孩子们期待得到荣誉证书，因为他们喜欢把它带回家给家人看，这本身就是让积极行为延续下去的另一个有效的强化因素。在上课期间，如果你看到这个孩子专注于课程任务，那么就奖励他一个小证书，这一举措能反映出你对于他的进步感到十分高兴。

● 专心于课程任务

想鼓励孩子专心于课程任务，你可以做的事情有很多。首先，可以和他聊天，确定他已经完全理解了课程任务，然后因为他正在做的一些具体的事情表扬他，比如："你的素描真正捕捉到了那个花瓶的纹路，太棒了！"如果你确信他知道某个问题的答案，可以在全班同学面前对他提问，当他给出正确答案时予以表扬。

● 捕捉他的良好表现

孩子需要知道你在课堂上想看到的期望行为是什么，才有可能改变自己的行为。在事态变糟之前捕捉孩子的良好表现，单单这样做，就能有效地让他知道什么是"良好"行为，比如："萨姆，做得好，刚刚并没有大声喊你，你就过来轻声地问我你接下来要做什么。"当他有良好的表现时，你要多给予一些关注，并且经常奖励他。

● 合理行为

让孩子知道你喜欢的行为是什么，例如，可以说"能够主动举手回答问题，真棒"。与他要有眼神交流，并给予简单的微笑或者点头示意。要把更多的精力和注意力放在良好行为上，而不是放在不必要行为上，看到你喜欢的行为要立即给予关注。试着至少每五分钟给予其一次正面关注。

● 不必要行为

如果一个孩子做出不必要行为，扣除30秒予以关注的时间。比如，在他做出不必要行为时，至少在他表现出30秒的良好行为后，你才能给予他正面的关注。

● 不予理睬

有寻求关注行为的孩子想要得到关注，不论是正面的还是负面的关注，对他的消极行为不予理睬是一个很有用的策略，因为这样他们根本得不到任何关注。孩子很快就会意识到不必要行为不会让他受到关注，也正因为这样，他的不必要行为不久就会日渐减少。不过，这一策略只有在他表现出积极行为后立即给予其关注才有成效。

忽略寻求关注行为也有其缺点，即孩子的不良行为可能会因此变得更过分。因为他正竭力博取他已经习惯了的关注，试探已经改变的新规则。这种行为会扰乱课堂教学。其他孩子可能会反复表现出这种行为，以获得你的关注。

并非所有寻求关注的行为都可以忽略，特别是当这种行为对他人的健康和安全构成威胁时。所以，要裁定什么类型和级别的行为需要你做出回应。

● 阅读疗法

为了帮助孩子理解并学会管理自己的情绪，可以向他们介绍一套书，比如关于悲伤和孤独情绪的书。孩子们有时会发现很容易与书中的人物产生共鸣，这本身就能帮助他们理解自身的问题，并找出应对策略。

● 后续步骤

当认定学生做出上述行为，并尝试和实施了一种技巧后，你可能会发现该行为依然在发生。以下为针对此情况做出后续步骤的建议。

第一步　安排与家长或监护人见面，讨论孩子的行为以及解决问题的思路。

第二步　与特殊教育需求协调员或者其他国家同职能机构人员见面，探讨是否可以制定具有具体的、可量化目标的个人行为规划。

第三步　给予时间让他们改变自己的行为，小步骤会造就大变化。

第四步　记住，孩子各不相同，一个技巧并不适用所有问题。要尝试各种不同的技巧，直到找到最适合自己和任教班级的那一个。

技巧 18

防止孩子大声喊叫

● 行为

学生在课堂上大声喊叫是当今教师普遍面临的问题。它会干扰教师讲课的注意力以及学生的注意力，会把其他学生的精神从课堂上抽离，甚至可能派生出其他不必要行为。因此，在该行为出现端倪时就要解决。这非常重要，因为如果允许一个孩子在课堂上大声喊叫，其他孩子受到鼓动后也会这样做，以获得心心念念的关注。此外，如果一个孩子除了大声喊叫博取别人的关注以外没有其他话可说，那么他可能会受到班上其他同学的嘲笑，这也会对他的自尊心造成伤害。

孩子大声喊叫的潜在原因：

* 班级缺乏规章制度对其行为进行约束

* 故意寻求教师的关注，比如，反复这样做会给教师制造麻烦，这样便能博取教师的关注

* 想得到同学们的认可

* 他对相关班规一无所知（比如，如果你有话想说，请举手）

* 他想要体会到完成一些好事的成就感，尤其当他知道教师提出问题的正确答案

* 对于一个有注意力缺陷障碍的孩子来说，这可能是因为他难以控制自身的冲动，想到什么就不经思考立马说出来。教师需要帮助这样的孩子锻炼自我控制力

◇ 应对技巧

● 提问

课堂上的问答时间常常会引发孩子们的叫喊。为了避免这种情况，提问时，加上常用短语，例如："如果你知道今天是星期几，请举手。"

通过在句末说"请举手"，他们就会记住要做什么，因而

会很少大声喊出来。需要注意的是，孩子们想回答问题时，举手并不是唯一选择。要有创意，可以把举手改成双臂交叉、摸耳朵或者是站起来等。

- 正强化

积极寻找良好的行为并予以表扬，尤其是发现和表扬那些很难做到良好行为，最后只能大声喊叫的孩子。当你看到一个孩子以正确的方式得到你的关注，比如，走到你的讲桌前，轻声地问问题，此时你应该毫不吝啬地表扬他。

- 练习音量控制

年幼的孩子需要学习不同的音量，才能在需要耳语或者是大声说话时相应地控制自己的音量。唱歌是做这项练习的一个很好的方式，可以选择一些既需要孩子大声歌唱也需要小声吟唱的歌曲或旋律。

- 我记性差

如果一个孩子说大声喊出来是因为害怕忘记自己想说的内容，那么就鼓励他在纸上写下自己想说的话，然后再举手。当他表现出正确的行为时，不要忘记予以奖励。

● 标志和信号

为了鼓励孩子不要在课堂上大喊大叫,教他使用标志或信号。比如，如果学生需要帮助，他可以在课桌上放一个红色的标志或者举起它。只要你能开动脑筋，这些标志和信号可以变得极具创造性，为了获得良好的效果，这些标志和信号简单明了即可。

● 视觉提示

视觉提示可以用来提示某些孩子他们需要做什么，例如：“如果你想问问题，请举手。”这些提示可以图文并茂，也可以只是图片。做成叠层状后，可以贴在孩子的书桌上，也可以放在他的书桌里。

● 不予理睬

试着忽略那些大声喊出来的孩子，点那些记得举手这样的良好行为的孩子的名字。为了帮助学生做出正确的选择，你可以这样说:“我想先看看有谁举手,再决定由谁来告诉我答案。”

● 阅读疗法

为了帮助孩子理解并学会管理自己的情绪，可以向他们介绍一套书，比如关于不听讲的书。孩子们有时会发现很容易与书中的人物产生共鸣，这本身就能帮助他们理解自身的问题，并找出应对策略。

● 后续步骤

当认定学生做出上述行为，并尝试和实施了一种技巧后，你可能会发现该行为依然在发生。以下为针对此情况做出后续步骤的建议。

第一步　安排与家长或监护人见面，讨论孩子的行为以及解决问题的思路。

第二步　与特殊教育需求协调员或者其他国家同职能机构人员见面，探讨是否可以制定具有具体的、可量化目标的个人行为规划。

第三步　给予时间让他们改变自己的行为，小步骤会造就大变化。

第四步　记住，孩子各不相同，一个技巧并不适用所有问题。要尝试各种不同的技巧，直到找到最适合自己和任教班级的那一个。

技巧 19

阻止孩子制造噪声

● 行为

在课堂上制造噪声是低程度扰乱课堂秩序行为的典型，可以借助一个结构化的方法将这种行为的影响降至最低乃至消除。一个孩子制造噪声的方式有很多种，比如小声哼哼、弹舌或者掰指关节。这些行为会分散老师和班上其他孩子的注意力。这样的行为是完全不能被容忍的，需要解决。

孩子制造噪声的潜在原因：

* 班级缺乏相应的规章制度对其行为进行约束

* 他正寻求关注

* 他感到有压力或者无聊，所以下意识地做一些举动来转移自己的注意力

◇ 应对技巧

● 奖励方案

有些孩子虽然也在制造噪声，但他们并没有意识到。所以，先明确地让这个孩子知道自己在制造噪声，然后与他谈论其发出的噪声，并谨慎细致地与他讨论这些噪声在课堂上并不适宜，会干扰他人的学习和注意力。

需要强调的是，教师和孩子要齐心协力，通过运用一种奖励方案来提高孩子对这种行为的认识，并根除这种行为。

教师可以和孩子一起设计支持以上方法的奖励方案。此外，可以在他的课桌上放置一个简单的玩具保险箱或类似替代物，最好放在离教师更近的桌角，这样教师可以更容易对该学生给予表扬、奖励以及提示，且无须当着全班学生的面公开这样做。将此过程的时间长度设置为五分钟，如果他在五分钟内没有发出任何噪声，就可以在他的保险箱里放一个兑换币。在这节课或一天中持续这样做，在课程或一天结束时，他可以数一下获得的兑换币的数量，如果他达到了师生事先约定好的数量，就可以获得全额“自由活动时间”的奖励。同样，可以和该学生一起决定这个奖励，赋予其“当家做主”的权利。

然而，如果他很容易在五分钟内制造噪声，那就把五分钟减少到三分钟，以便找到一个可实现的目标，让他自信能够实现此目标。随着他的不断进步，该时间也会随之增加。最好慢慢增加到五分钟，直到他在一节课或一天内没有发出任何噪声为止。

● 阅读疗法

为了帮助孩子理解并学会管理自己的情绪，可以向他们介绍一套书，比如关于无聊的书。孩子们有时会发现很容易与书中的人物产生共鸣，这本身就能帮助他们理解自身的问题，并找出应对策略。

● 后续步骤

当认定学生做出上述行为，并尝试和实施了一种技巧后，你可能会发现该行为依然在发生。以下为针对此情况做出后续步骤的建议。

第一步　安排与家长或监护人见面，讨论孩子的行为以及解决问题的思路。

第二步　与特殊教育需求协调员或者其他国家同职能机构人员见面，探讨是否可以制定具有具体的、可量化目标的个人行为规划。

第三步　给予时间让他们改变自己的行为，小步骤会造就大变化。

第四步　记住，孩子各不相同，一个技巧并不适用所有问题。要尝试各种不同的技巧，直到找到最适合自己和任教班级的那一个。

第四部分

PART 4

树立自信心

培养孩子的自信心对帮助他们取得成功十分重要。建立自信心可以鼓励孩子们勇于体验新鲜事物，相信自己与生俱来的天赋，并且养成对自身能力的认识。缺乏自信心的孩子通常会有自卑心理，难以在学校内外与同龄人建立友谊。

缺乏自信心会让孩子更容易受到伤害，容易受人教唆和操纵，最终导致其做出不恰当的选择以及陷入麻烦，比如校园霸凌、吸烟或者逃学。

身为教师，我们需要注意到此类学生，因为他们通常在班上很安静，不太受到别人的注意。优良的课堂环境可以极大地帮助此类学生。优良的课堂环境首先必须是积极向上的，这样每个孩子就不会害怕提出问题或自告奋勇承担某些责任，比如监督课堂纪律或在学校戏剧中扮演重要角色。为了实现这一目标，课堂需要创造促进积极的课堂环境的种种机会，这样教师就可以把注意力分散到全班所有学生身上，而不仅仅是放在那些表现出挑战性行为的孩子身上。如果我们能提升课堂的积极性，孩子们就会对课堂做出有价值的贡献，同样，他们也能感受到自身受到重视。

自信的孩子：

* 能够解决问题
* 为自己的行为负责
* 可以调节自己的情绪和情感
* 能够独立思考
* 愿意接受新挑战
* 拥有积极的人生观

技巧 20

鼓励缺乏自尊的孩子

● 行为

身为教师，我们的要务之一就是需要不断鼓励学生，让他们相信自己。孩子需要感受到自身得到长辈和同龄人的接纳、得到他们的关心。教师通过支持和表扬给予孩子们信心，可以增强他们的自尊心，帮助他们建立良好的自我感觉。孩子如何看待自己会影响他们的动机、态度和行为。

自卑的孩子会觉得自己一无是处，觉得周围的人不关心自己或者不想让自己平安顺遂。从婴儿呱呱坠地开始，他们就从大人的怀抱和互动中接收到自身需要的关爱与照顾。随着年龄增长，他们开始渴望得到归属感，希望感觉到自己是家庭和学校等社区的一分子。所以，在课堂中营造“你可以”的文化有助于学生建立自尊。

◇ 应对技巧

● 情感日记

缺乏自信的孩子时而会有情绪波动。教师可以帮助这些孩子写情感日记，让他把自己的快乐、悲伤、不安、愤怒或沮丧的时光记录下来。

重要的是问他发生了什么事才导致他会有愤怒、快乐等情绪，因为这样有助于他识别情绪波动的诱因以及制定应对策略。

● 我擅长……

找出这个孩子擅长什么，例如踢足球、阅读、绘画等，然后给他机会在课堂上向你以及他的朋友展示他的技能。鼓励他谈论自己的特长，同时帮助他和另一个他可以教其所长的同学结伴。

● 展示和讲述

鼓励孩子从家里带一些他们感兴趣的或者能显示他们的成就的东西来学校给全班同学看。该活动可以安排在圆圈时间（指围坐在一起讨论的时间）或临近放学时。这项活动不仅能让缺乏自尊的孩子觉得自己很重要，还可以帮助他建立自信。

● 看我的神通！

每周为班级选择一个有趣的活动，例如“你能用头顶一个球多长时间”，并在班级图表上记录每个人的得分。这是发现孩子们的特长的好方法，就算该特长有些荒诞也无妨。

● 本周最佳学生

一周结束时，随机选择一个孩子作为“本周最佳学生”。这样做可以为本周画上圆满的句号，同时也让我们有机会在全班学生面前认可某个孩子的积极贡献。这个孩子的照片和名字会贴在“每周最佳学生”公告板上，同时，他会得到一张荣誉证书和一张贵宾通行证，拿着这张通行证，他就可以在接下来的一周享受特殊待遇，比如，和校长一起喝下午茶。

● 你喜欢某某的什么？

这一活动能非常好地鼓励孩子去思考自己喜欢每一位班级成员（包括教职工）的哪一点。在学生决定动笔之前，让他们先思考以下问题：

* 他擅长什么？

* 他曾做过什么事帮助我？

* 这件事让我感受如何？

* 他平时在努力做什么？

学生写完后，可以将其与每个孩子的照片一起在教室里展示出来，这是强调每个学生都很重要的好方法。

● 展示出来！

每个孩子都有其特长，作为教师，我们的职责就是发现他们的天赋，并在此过程中帮助他们建立自尊。教师可以取一张展板，在上面贴上每个孩子的照片，并在照片下面写上学生的特长，比如，踢足球。

● 级长

对年龄稍长的孩子来说，提高其自尊的一个很好的方法是让他成为一个具有明确责任的级长，例如，午餐时间在食堂和操场上帮助低年级的孩子。同时，要时常强化他付出的努力。

● 阅读疗法

为了帮助孩子理解并学会管理自己的情绪，可以向他们介绍一套书，比如关于学会如何培养良好的情绪的书。孩子们有时会发现很容易与书中的人物产生共鸣，这本身就能帮助他们理解自身的问题，并找出应对策略。

● 后续步骤

当认定学生做出上述行为，并尝试和实施了一种技巧后，你可能会发现该行为依然在发生。以下为针对此情况做出后续步骤的建议。

第一步　安排与家长或监护人见面，讨论孩子的行为以及解决问题的思路。

第二步　与特殊教育需求协调员或者其他国家同职能机构人员见面，探讨是否可以制定具有具体的、可量化目标的个人行为规划。

第三步　给予时间让他们改变自己的行为，小步骤会造就大变化。

第四步　记住，孩子各不相同，一个技巧并不适用所有问题。要尝试各种不同的技巧，直到找到最适合自己和任教班级的那一个。

技巧 21

帮助缺少朋友的孩子

● 行为

朋友不仅能提供陪伴，还是孩子成长道路上的重要依托。朋友间的互动能培养孩子的社交技能、自我管理能力和问题解决能力，并且能促进孩子的情感成长。如果一个孩子不被同龄人接纳，这对他的成长是非常有害的，会导致孩子孤独、自卑、不随和、缺乏动力。因此，孩子能在学校与他人建立良好的友谊是弥足珍贵的，否则他们会将学校视为一个充满压力和令人厌烦的地方，最终会导致学生旷课或出现其他不良行为。

◇ 应对技巧

● 朋友圈

游戏时间可能是学生异常孤独的时间，所以在班级内或在学校范围内找几个你觉得会对缺乏朋友的孩子有吸引力的孩子，把他们放在一起。当孩子们对同样的活动感兴趣时，他们就可以形成持久的友谊。

● 座位安排

让缺乏朋友的孩子坐在有相似性格与爱好的同学旁边，然后鼓励他在一天中适当的时间交谈和分享自己的兴趣爱好。把这个孩子的座位安排在离你很近的位置也有助于问题解决，这样你就可以监督他的情况，给予其心灵上的安慰。

● 共担责任

让缺乏朋友的孩子与班上的另外一个孩子结伴，一起分担一份职责，例如，照看班上的仓鼠。然后，鼓励他们携手合作，并在看到像合作、尊重和友谊这样的价值观产生时，及时进行正强化。

● 午餐小分队

有些孩子会觉得在操场这样的大型空间难以与他人进行社交，而一个午餐或营养餐小分队可以让这样的孩子有机会在一个小团体中玩耍和互动。让他们玩一些促进互动和交流的简单的棋盘游戏可以帮助他们建立自信和自尊。

● 课外俱乐部

课外俱乐部精心组织的活动是联系缺乏朋友的孩子与同龄人的有效方式。告知这个孩子放学后的所有活动，并让他和其他已经参加活动的孩子结伴玩耍。这样的活动为孩子提供了尝试新鲜事物和学习新技能的机会。

● 约定游戏时间

为了巩固一段新的友谊，可以向这个孩子的父母/监护人提出“约定游戏时间”的建议。在约定好的游戏时间，孩子可以邀请新朋友到家里来一起参与共同感兴趣的活动，比如玩PS游戏机或一起做手工。

● 好人好事记录簿

在你的班级里制作一本“好人好事记录簿”，并把它放在每个学生都能看到的地方。如果一个孩子做了好事，那就把它写在这本记录簿里，特别是要提到他本人的感受。鼓励孩子们自己记下做的好事。这对孩子们的成长很有帮助。

● 阅读疗法

为了帮助孩子理解并学会管理自己的情绪，可以向他们介绍一套书，比如关于孤独感的书。孩子们有时会发现很容易与书中的人物产生共鸣，这本身就能帮助他们理解自身的问题，并找出应对策略。

● 后续步骤

当认定学生做出上述行为，并尝试和实施了一种技巧后，你可能会发现该行为依然在发生。以下为针对此情况做出后续步骤的建议。

第一步　安排与家长或监护人见面，讨论孩子的行为以及解决问题的思路。

第二步　与特殊教育需求协调员或者其他国家同职能机构人

员见面，探讨是否可以制定具体的、可量化目标的个人行为规划。

第三步　给予时间让他们改变自己的行为，小步骤会造就大变化。

第四步　记住，孩子各不相同，一个技巧并不适用所有问题。要尝试各种不同的技巧，直到找到最适合自己和任教班级的那一个。

技巧 22

处理撒谎行为

● 行为

不说真话的孩子往往不敢和他人进行眼神交流，而且通常会从肢体语言中透露出一些惴惴不安的迹象，比如拖着脚走路，缩头缩脑，或者把手插在口袋里然后眼睛朝地下看。在某些情况下，一个不与人直接交流的孩子可能是借此方式思考眼前的处境，然后再做出回应。教师的作用之一是鼓励孩子们在面对艰难的处境时做出正确的选择。只有始终如一地坚持这一积极的方法，孩子们才会意识到，讲真话和做出正确的选择比撒谎更好。以下是孩子撒谎的一些原因：

* 害怕对方可能做出的反应

* 习惯

* 设想可能的后果

* 模仿别人曾对自己撒的谎

* 增强自尊心

* 躲避责备或惩罚

◇ 应对技巧

● 寻求关注行为

如果你认为这个孩子撒谎是为了获得关注，那么在情况不严重的前提下，忽略这一行为。然后专注于捕捉他这一天表现出的任何诚实的迹象，不管这些迹象有多小，认可这些行为并积极强化它们，比如："贝丝，虽然你未经阿伦的允许使用了他的卷笔刀，但是你事后向阿伦坦白了，做得好。令我钦佩的是，你还告诉他下次使用卷笔刀前会先经过他的同意。"如此一来，她就不太可能为了获得你的关注而撒谎了。

● 不要反应过度

如果一个孩子对你撒谎，不要反应过度，否则可能会导致他更驾轻就熟地撒谎，甚至可能让这一行为深深扎根于他的内心。相反，你要以一种沉着、自信的方式接近这个孩子，为他营造一种他感到安全、安心的环境，这样可以鼓励他信任你，从而敞开心扉。重要的是，在此期间他能承认自己的谎言并能接受适当的纠正。

● 如果……怎么办?

让孩子以小组为单位讨论教师给出的一系列假设的情景。比如，阿岩在和他的朋友踢足球时不小心打碎了一扇窗户，你觉得他会是什么感受？他该怎么办呢？他应该说真话还是撒谎？你觉得如果他说真话会发生什么？你认为如果他撒谎会发生什么？

● 积极对话

在一学年内，只要孩子讲真话，就要说这句话："谢谢你的坦诚。"可以在一对一的基础上进行强化，也可以在全班学生面前进行强化，因为同伴压力是促进行为改变的一个非常强大的工具。如果一个孩子承认自己做了错事，那就赞扬他的诚实，并对他的行为进行适当的纠正。一定不要称呼某个孩子为骗子，因为这会强化他们的撒谎行为，进而驱使他们做出消极的反应。

● 不要忽视

不要忽视孩子在某件事上撒谎，因为他撒谎可能有潜在的原因，如果真是这样，建议与他的父母/监护人见面，一起找出原因。在找出孩子撒谎的原因的过程中，可能会涉及儿童保护的问题！如果有这种情况，请参考相应的学校儿童保护指南。

● 诚实盒

为了鼓励孩子讲真话，可以让他们设计一个诚实盒，盒子旁边放一摞纸条。如果/当发生了需要某个孩子讲真话的事情，就鼓励他把自己的意见和名字写在一张纸条上，然后放进诚实盒。随后你可以阅读每个孩子所写的内容，如果犯错的学生坦白了一切，你可以酌情处理。

● 狼来了

和班级一起，集体阅读经典伊索寓言《狼来了》。故事讲的是一个放羊的牧童一直谎称狼来了，让村民们一次又一次地跑来帮助他，等到狼真的来追他的羊群时，没有一个村民来救他，羊也都吓跑了，因为没有人再相信他了。

* 你觉得牧童为什么要撒谎？

* 当没有村民帮助这个牧童时，牧童会有何感想？

* 当牧童说的是真话但村民却没有帮助他时，村民们是何感想？

* 你认为牧童做什么才能重新获得村民的信任？

● 诚实意味着什么？

以班级为单位，让学生讨论“做诚实的人意味着什么”。你应该一直说真话吗？为什么要或者为什么不？如果你发现某人没有对你完全坦诚，你会有什么感受？你认为做诚实的人重要吗？你期望别人对你诚实吗？

● 谨慎提问

避免单刀直入地问问题，不然可能会鼓动孩子撒谎。例如：不要问“你骂杰克了吗？”，而是让这个孩子复述导致他骂人的一系列事件。这不仅能让你对发生的事情有更多的了解，而且还能帮你找出引发撒谎行为的导火索。当他复述这一系列事件时，你要观察他的语言和非语言表达，然后通过询问其他孩子和教职工，收集尽可能多的证据，勾勒出该事件的完整画面。如果你不相信这个孩子说的是真话，不要直接说“你在撒谎”，你可以说“我了解了，但你确定这是事实吗？”。

● 犯错

安慰孩子，让他们相信所有人都会犯错，而犯错历来是通向学习的门户。作为人类，我们都会犯错，我们应把犯错视为一种有价值且有效的学习方式。当孩子犯错时，我们应该鼓励他们把它看作是一个有价值的学习过程，并帮助他们决定如何解决这一问题。

● 阅读疗法

为了帮助孩子理解并学会管理自己的情绪，可以向他们介绍一套书，比如关于讲真话的书。孩子们有时会发现很容易与书中的人物产生共鸣，这本身就能帮助他们理解自身的问题，并找出应对策略。

● 后续步骤

当认定学生做出上述行为，并尝试和实施了一种技巧后，你可能会发现该行为依然在发生。以下为针对此情况做出后续步骤的建议。

第一步　安排与家长或监护人见面，讨论孩子的行为以及解决问题的思路。

第二步　与特殊教育需求协调员或者其他国家同职能机构人员见面，探讨是否可以制定具有具体的、可量化目标的个人行为规划。

第三步　给予时间让他们改变自己的行为，小步骤会造就大变化。

第四步　记住，孩子各不相同，一个技巧并不适用所有问题。要尝试各种不同的技巧，直到找到最适合自己和任教班级的那一个。

技巧 23

鼓励频繁哭泣的孩子

● 行为

哭泣是孩子表达情感的一种方式，尽管看到孩子哭泣会让相关的人压力倍增。通常，越年幼的孩子哭泣的频率越高，特别是当他们受到伤害的时候，因为这是他们交流情感的方式。随着孩子在学校里一步一步成长，哭泣次数会越来越少，慢慢地只会因为某些特定事件哭泣。

孩子哭泣的原因有很多，比如：

* 到一所新学校上学
* 感觉不舒服
* 寻求关注

* 遭受挫折

* 由睡眠不足等引起的易怒情绪

* 忧郁

* 亲友丧亡

* 霸凌

* 和朋友吵架

* 跌倒

◇ 应对技巧

● 感同身受

教师应该让孩子知道自己能体会到他的难过以及感受，因为这样做会让他感觉自己被倾听，才更有可能告诉你他为什么难过。

不要要求学生不哭，即使是出于善意也尽量不要这么做，因为这可能会起反作用。

● 与父母 / 监护人见面

与孩子的家人见面，从而更好地了解他的行为。见面期间，鼓励孩子的家人“讲述他们的故事”，故事的主题要关于为什么他们觉得自己的孩子会表现出某种行为方式。授人以鱼不如授人以渔，这样，家人便会开始寻找孩子哭泣背后的原因，并在此过程中制定自己的策略。教师提出的问题应具有开放性，如有需要，可以用以下问题引导和提示学生的家人：

* 家庭生活最近有什么变化吗？比如，家里有新生儿吗？
* 家庭日常作息是什么样？比如，什么时候吃饭、睡觉等？
* 和孩子一对一相处的优质时间有多少？
* 用什么方法规范孩子的行为？比如：立规矩、纠正、表扬等。
* 你认为孩子为什么会表现出这种行为？

一旦学生的家人认识到问题以及可能的诱因，接下来就可以探讨家庭和学校可以合作的出路，以帮助这个家庭为他们的孩子提供恰当的关爱、支持、技能知识与方向。

● 阅读疗法

为了帮助孩子理解并学会管理自己的情绪，可以向他们介绍一套书，比如关于情绪低落的书。孩子们有时会发现很容易与书中的人物产生共鸣，这本身就能帮助他们理解自身的问题，并找出应对策略。

● 后续步骤

当认定学生做出上述行为，并尝试和实施了一种技巧后，你可能会发现该行为依然在发生。以下为针对此情况做出后续步骤的建议。

第一步　安排与家长或监护人见面，讨论孩子的行为以及解决问题的思路。

第二步　与特殊教育需求协调员或者其他国家同职能机构人员见面，探讨是否可以制定具有具体的、可量化目标的个人行为规划。

第三步　给予时间让他们改变自己的行为，小步骤会造就大变化。

第四步　记住，孩子各不相同，一个技巧并不适用所有问题。要尝试各种不同的技巧，直到找到最适合自己和任教班级的那一个。

第五部分

PART 5

挑战性行为

如果你让任何一位老师给阻碍课堂有效教学的关键因素排序，他们基本都会把学生做出的挑战性行为放在首位。刚开始从事教师这一职业的人往往怀有接触各种类型的孩子的构想，但当面临妨碍他人学习和教学的行为时，这一构想有时很难付诸实践。这样的行为会给教师带来压力和焦虑，在教师实施的策略没有得到预期效果时，这样的负面影响尤为显著。

库雷希（Qureshi）和阿尔博兹（Alborz）（1992）以及黑斯廷斯（Hastings）和雷明顿（Remington）（1994）定义了五种挑战性行为，包括：

* 攻击性行为
* 破坏性行为
* 自残行为
* 刻板行为
* 社会或两性方面不可接受的行为

那么，我们所说的挑战性行为是什么意思呢？为了解决这一行为，我们首先需要弄清楚它的含义。艾默生（Emerson）等人（1987）是最早对挑战性行为进行定义的学者。他们给出的定义有：

其强度、频率和持续时间可能使个人或他人的人身安全处于严重危险之中的行为，或可能严重限制或延误普通设施正常运作和使用的行为。

如果下列情况增加，则意味着不必要行为开始向更让人担忧的方向演化：

* 频率
* 强度
* 持续时间

● 频率

频率指不必要行为重复发生的次数。例如，如果一个孩子反复扰乱课堂秩序，则视其表现出令人不可接受的行为。

● 强度

强度指不必要行为的程度或严重性。例如，香农可以连续数周表现积极。但是如果他被惹生气了，他便可能做出咬人、喊叫、吐痰或打其他孩子的行为。这种情绪爆发不仅会造成身体伤害，也会让其他孩子、父母和教职工感到不安。

● 持续时间

持续时间指不必要行为持续的时间长度。例如，布兰登刚与一位朋友发生了争执，之后他可能不会再听从教师的指示，甚至拒绝回去上课。这时，他就会变得沉闷不悦，好与人争论。他的不良行为会持续一个多小时，并不断地扰乱课堂秩序。

所有行为表现都是相对的，而且具体情况取决于具体的学校及其环境。决定行为的因素包含学校的社会和经济环境、孩子家庭背景和身体原因等历史因素。这些不同的背景决定了某些行为是恰当的还是不恰当的。

例如，有些行为可以为家人所接受，但在教室里可能无法让人接受。识别发生的挑战性行为的目的及其背后的原因对于解决这些行为问题至关重要。目前可以确定的是，我们不能让这些挑战性行为继续下去！

技巧 24

帮助不听从指示的孩子

● 行为

当教师给出指令时，如果其中一个孩子拒绝听从该指示，或者当教师要求他做某事时，这个孩子拒绝做，而是在自己想做的时候才去做，这会让教师觉得非常沮丧。这可能会让教师觉得丢脸，并对这种情况发生的原因感到怨恨。这样的行为也显示出学生确实缺乏对权威的尊重，无视任何课堂规则或界限。如果孩子不听从你的指示、对你做出挑战性行为，可能是出于以下原因：

* 发生了让他们心烦意乱的事情
* 他们觉得有件事受到了不公平的对待

* 感到愤怒

* 觉得班级规则不适合他们

* 没有安全感

* 与他人的关系破裂

◇ 应对技巧

● 脚本

脚本的使用在很多方面都有成效：第一，可以为你提供直接、一致以及公正的回应，鼓励孩子听从你的指示；第二，可以为学生提供熟悉的程式来应对自己的行为，最终帮助他做出正确的选择；第三，可以阻止你向孩子表露自己的情感。

以下是两个用于回应冷静的孩子和不冷静的孩子的脚本示例：

对于冷静的孩子，可用以下脚本予以回应：

走近这个孩子，俯下身去，与他的眼睛齐平，说："请你与全班同学的队伍站齐，这是我第一次要求你。"传达完信息后立即离开，给予其充分的空间做出选择，等待 30 至 60 秒。

回到这个孩子身边，俯下身去，再次与他的眼睛齐平，说：

“我再次要求你和全班队伍站齐。记住，如果我第三次要求你的时候你还是不遵循指示，你就会失去 5 分钟的游戏时间。”传达完信息后立即离开，给予其充分空间做出选择，等待 30 至 60 秒。

再次回到这个孩子身边，俯下身去，与他的眼睛齐平，说：“这是我第三次要求你跟全班队伍站齐。”如果他遵循你的指示，就表扬他；如果他依旧不遵循该指示，就按照纠正措施予以解决。

对于不冷静的孩子，可用以下脚本予以回应：

与孩子间隔一定距离，说：“我看到你生气了，我会给你几分钟时间让你冷静下来，然后要求你听从我的指示。”传达完信息后立即离开，给予其充分空间，等待其冷静下来。这可能需要 5 到 10 分钟或更长时间。如果他慢慢开始对自己或者他人构成危险，那么你可以寻求高级教师的帮助和建议。

当这个孩子冷静下来时走近他，俯下身去，与他的眼睛齐平，说：“请你与全班同学的队伍站齐，这是我第一次要求你。”传达完信息后立即离开，给予其充分的空间做出选择，等待 30 至 60 秒。

回到这个孩子身边，俯下身，再次与他的眼睛齐平，说：“我再次要求你和全班队伍站齐。记住，如果我第三次要求你的时候你还不遵循指示，你就会失去5分钟的游戏时间。”传达完信息立即离开，给予其充分空间做出选择，等待30至60秒。

再次回到这个孩子身边，俯下身，与他的眼睛齐平，说：“这是我第三次要求你跟全班队伍站齐。”如果他遵循你的指示，就表扬他；如果他依旧不遵循该指示，就按照纠正措施予以解决。

● 选择

当一个孩子不听从你的指示时，给他一个选择的机会能非常有效地解决问题，毕竟当别人给了你选择的机会，再与其辩驳非常不合情理。举个例子，如果一个孩子在上课时间玩玩具汽车，走近这个孩子，俯下身，与他的眼睛齐平，说：“克里斯托弗，我给你两个选择，要么把车放到你的课桌里，要么放到我的讲桌上，谢谢配合。”给出选择后立即离开，给予其充分空间来考虑做出正确的选择。如果这个孩子继续玩他的汽车，后续方法遵循上述脚本内容。

● 视觉符号

视觉符号可以帮助一些孩子理解什么是适当和不适当的行为。红黄牌制度是实现这一目标的有效方法，分三步解决这类孩子的问题。比如，当他开始表现出不必要行为时，向他出示黄牌；如果他继续表现出该行为，向他出示橙牌；如果他仍然保持做这种行为，向他出示红牌。一旦展示出红牌，孩子就会因为其行为得到恰如其分的纠正措施。

● 阅读疗法

为了帮助孩子理解并学会管理自己的情绪，可以向他们介绍一套书，比如关于生气的书。孩子们有时会发现很容易与书中的人物产生共鸣，这本身就能帮助他们理解自身的问题，并找出应对策略。

● 后续步骤

当认定学生做出上述行为，并尝试和实施了一种技巧后，你可能会发现该行为依然在发生。以下为针对此情况做出后续步骤的建议。

第一步　安排与家长或监护人见面，讨论孩子的行为以及解决问题的思路。

第二步　与特殊教育需求协调员或者其他国家同职能机构人员见面，探讨是否可以制定具有具体的、可量化目标的个人行为规划。

第三步　给予时间让他们改变自己的行为，小步骤会造就大变化。

第四步　记住，孩子各不相同，一个技巧并不适用所有问题。要尝试各种不同的技巧，直到找到最适合自己和任教班级的那一个。

技巧 25

改良攻击性行为

● 行为

生气时，孩子往往缺乏内在的自我控制力来处理自己的愤怒，也可能缺乏用语言表达自身感受的能力。他可能会通过隔绝外界以及不理睬同学和教师来表示自己的愤怒，或者大发脾气，用语言或肢体发起攻击。

学生出现攻击性行为可能是因为：

* 不断累积的挫败感
* 受到霸凌
* 得不到理解
* 受到不公平、不公正的对待
* 缺乏信心

◇ 应对技巧

● 对事件做出回应

正确回应表现出攻击性行为的孩子对于避免局面失控至关重要。经常纠正这种行为并坚持到底，可以赢得这个孩子的尊重。但在此之前，你必须开始了解这种行为发生的原因是什么，以确保得到有效且积极的结果。永远记住要把这个孩子与其不恰当的行为表现区分开来，努力做到不要把孩子的行为问题个人化。所有的孩子都是独一无二的，因此“万能药”并不是解决问题的最好方法。相反，我们必须根据孩子的个人需求予以回应。

● 处理事件

在处理一种情况时，等孩子完全平静下来是重要的前提，回归到 “起点”后再讨论这一事件。这样做能防止事态升级到无法掌控的程度。时间 - 强度模型（Smith，1993）能够解释愤怒引发的行为事件的全过程。

事件发生后的“恢复阶段”是讨论该事件以及开始要求道歉的危险时间。因为在这一阶段事件的态势很可能进一步恶化。

● 积极应对

在能够积极处理孩子的问题前，建议所有教职工成员先接受恰当的培训，并遵循所在学校的积极应对政策。

● 承认

承认孩子的愤怒很重要，例如，教师可以说，“感到愤怒很正常，我知道你对刚发生的事感到生气。我想帮助你安全地表达自己的愤怒，这样就不会有人受到伤害。”避免使用消极的话语，例如，“别这么傻”，因为这可能会让愤怒升级。

● 反应式倾听

教师应该言传身教，向学生树立一种冷静而自信的性格示范，因为这样将有助于防止孩子的愤怒升级。首先，要倾听他说的话，这样他会觉得有人倾听他，觉得你在关心他。然后，教师要用平静、抚慰的语气（用他的语气）重复他说的话，比如：“我听到你说的了，嗯，利亚姆在穿过走廊的时候推了你一把，你很生气。”这样做会积极地鼓励他回归到自己的掌控之中，最终降低发生愤怒爆发事件的可能性。所以，请保持控制。

● 识别愤怒的预兆

帮助孩子识别愤怒的预兆是一项非常有用的技能。他会更清楚地感知到自己在不同情况下的感受，也会对自己处理愤怒情绪的能力更有信心。与他一起探索愤怒的预兆，例如，紧握的拳头、表情的变化以及声调和语气的变化。当/如果孩子觉得自己好像要开始生气时，鼓励他使用应对策略，帮助他以积极和可控的方式应对这一情形。

● 爆竹的类比

用孩子很容易听懂的类比——爆竹——和他谈论愤怒（Faupel， Herrick and Sharp，1988）。向这个孩子解释，让他生气的原因就像点燃爆竹的火柴，我们对于诱因的感觉就像是导火线，而爆竹爆炸就是我们对内或对外的反应。然后让他画一个爆竹，用文字把引起他愤怒的诱因——比如谩骂——放在导火线上。

● 应对策略

应对策略可以帮助孩子重新集中精力，对生气的孩子来说，其作用尤为显著。这些策略只有在生气成为个人习惯后才有效。以下是一些应对愤怒情绪的有效策略。教师可以把这些策略打印到一张带有符号的卡片上，做成叠层状后给这个孩子，这样他就可以一直把它放在口袋里，必要时可以使用。

* 远离引起愤怒的情景，安静舒适地坐着。
* 闭上双眼，想一下你的呼吸。
* 随着呼吸频率数数，这样有助于你平静下来。
* 告诉老师是什么让你感到生气，让他们来应对这种情景。

● 数到十

数到十有助于减少愤怒，因为这样做有助于愤怒的孩子将注意力放在呼吸上，有助于把他从感到愤怒的情景中分离出来。帮助孩子从一数到十，在每数一个数的空隙做一次深呼吸。这样做有助于抵消潜藏在愤怒之下的战斗或逃避应激反应。有意识地做缓慢的深呼吸不仅能带来一种舒缓的放松感，也能帮助他将注意力集中在当下。

● 同理心

教孩子诸如同理心之类的人际交往技能非常重要，可以帮助他们理解和感知他人的想法和感受（Faupel 等，1998）。运用同理心能让孩子学会必备的技能，从而在面对潜在诱因的时候（比如在足球场上没能进球）管理自己的行为。通过个人和社会教育或情感素养培育教孩子具有同理心。这一点可以通过许多活动来实现。比如选择适当的活动帮助学生了解其他人的感受，从而减少他对他们的攻击性。在社会情感学习方面已发展有许多不错的活动。

● 安静时间卡

给此类孩子一张“安静时间卡”，当他生气的时候可以出示这张卡片。这张卡片允许他在教室里或辅助教室里静享五到十分钟。当他出示该卡片时，就会得到奖励，因为他做出了正确的选择。

● 捏我！

给此类孩子一个小球并一直放在他的桌子上，每次他感到有压力或生气的时候可以捏一下。这将有助于释放他的愤怒。当他做出正确的选择——捏球时，要予以赞美和认可。

● 你能冷静一下吗?

让孩子们找一个空间，闭着眼睛站立。然后让他们想想过去让他们生气的事情。接着让他们想象愤怒在他们体内变成炽热的火团，如果他们什么都不做，火团就会爆炸。现在让他们感受柔软冰冷的雪花落在自己的头上。当雪花触碰到他们，他们的身体就会吸收掉它，然后雪花便开始冷却他们的愤怒，过一段时间后，他们的愤怒彻底冷静下来、消失不见，他们也恢复到正常状态。让孩子下次感到生气的时候也使用此方法。

● 结伴

如果一个孩子很容易发怒，那就在同一班级找一个明事理的孩子与其结伴，当他开始感到生气的时候，可以和这个伙伴聊天。鼓励这个伙伴向他提问，从而追溯他的愤怒起因，例如：“发生了什么事？”“谁参与了？”“他们做了什么？”“你当时什么感觉？”

● 正强化

当看到一个孩子在使用给出的一些技巧和方法来控制自己的愤怒时，你应该立即通过表扬、认可和/或奖励来给予其正强化。这样做有助于强化其积极行为，学生将更有可能继续做出正确的选择。

● 阅读疗法

为了帮助孩子理解并学会管理自己的情绪，可以向他们介绍一套书，比如关于愤怒的书。孩子们有时会发现很容易与书中的人物产生共鸣，这本身就能帮助他们理解自身的问题，并找出应对策略。

● 后续步骤

当认定学生做出上述行为，并尝试和实施了一种技巧后，你可能会发现该行为依然在发生。以下为针对此情况做出后续步骤的建议。

第一步　安排与家长或监护人见面，讨论孩子的行为以及解决问题的思路。

第二步　与特殊教育需求协调员或者其他国家同职能机构人员见面，探讨是否可以制定具有具体的、可量化目标的个人行为规划。

第三步　给予时间让他们改变自己的行为，小步骤会造就大变化。

第四步　记住，孩子各不相同，一个技巧并不适用所有问题。要尝试各种不同的技巧，直到找到最适合自己和任教班级的那一个。

技巧 26

阻止孩子随地吐口水

● 行为

孩子随地吐口水的行为可能由以下原因引起：

* 疾病 / 身体原因
* 让自己看起来很拽
* 无法用言语表达出自己的愤怒
* 怨恨
* 愤怒
* 挫折
* 害怕某事或某人

◇ 应对技巧

● 健康问题

如果一个孩子频繁吐口水，建议联系他的父母/监护人，以防出现支气管炎等健康问题。

● 清理干净！

我们的唾液里有成千上万的细菌和病毒，如果一个患感冒的孩子随地吐口水，病毒就会散布在空气中，传染性感冒就是通过飞沫传播的。此外还有其他途径也能将痰中的细菌和病毒传播，造成感染。因此，如果一个孩子故意在学校内吐口水，可以要求他把口水清理干净；如果他拒绝清理，那么就根据他行为表现的严重程度采取适当的纠正措施。

● 提供替代方案

如果一个孩子因为生气、沮丧或者害怕而吐口水，那就为其提供其他发泄方式，比如捏小泡沫球。如果一个孩子经常以吐口水作为情感的表达方式，那就和他谈谈这种行为会让人们有什么感觉以及传染病是如何传播的。能和他的父母或监护人见一面或许会有更好效果。

● 我的嘴巴

为了帮助学生正确使用自己的嘴巴并加以强化，可以让孩子两人组队或多人组队，并补全以下句子：

“我用嘴巴……”

“我不用嘴巴吐口水，因为吐口水会……”

“我用嘴巴……”

“我不用嘴巴吐口水，因为吐口水会……”

“我不用嘴巴吐口水……”

“我的嘴不吐痰，因为吐口水会……”

让每组学生大声朗读出他们写的内容，不同组的内容可能有相似之处，这非常好，可以利用这一点来强化关键信息。

● 阅读疗法

为了帮助孩子理解并学会管理自己的情绪，可以向他们介绍一套书，比如关于感到沮丧的书。孩子们有时会发现很容易与书中的人物产生共鸣，这本身就能帮助他们理解自身的问题，并发展出应对策略。

● 后续步骤

当认定学生做出上述行为，并尝试和实施了一种技巧后，你可能会发现该行为依然在发生。以下为针对此情况做出后续步骤的建议。

第一步　安排与家长或监护人见面，讨论孩子的行为以及解决问题的思路。

第二步　与特殊教育需求协调员或者其他国家同职能机构人员见面，探讨是否可以制定具体的、可量化目标的个人行为规划。

第三步　给予时间让他们改变自己的行为，小步骤会造就大变化。

第四步　记住，孩子各不相同，一个技巧并不适用所有问题。要尝试各种不同的技巧，直到找到最适合自己和任教班级的那一个。

技巧 27

解决说脏话的问题

● 行为

在教室里，任何形式与形态的脏话都是不可接受的。孩子往往会模仿成年人的行为举止，如果教师接受脏话的存在，会向班级的孩子传递不正确的信息。一些孩子在校外天天把脏话挂在嘴边，如果真是这样，他们必须明白在学校里脏话是不被接受的交流形式。学生说脏话的原因可能有：

* 缺乏规章制度

* 缺乏理解

* 想要获得关注

* 为了结交朋友或者让朋友注意到自己

* 为了表达愤怒、沮丧或恐惧

* 部分角色扮演行为，模仿媒体上的人物行为

* 他们很不安

* 想要探究因果关系

◇ 应对技巧

● 安抚

让孩子知道生气、沮丧或害怕都是可以的，但说脏话不可以。

● 检查孩子对说脏话的理解

检查孩子对所说脏话的理解，以及为什么他会说脏话，询问他这句话的意思。他可能本身觉得说这些话并没有什么不妥，因为他曾经听到自己的父母、监护人或者朋友说过。所以，教师需要让他明白这些话会伤害到别人的感情。

● 提供替代方案

如果一个孩子因为生气、沮丧或害怕而说脏话，教师应该

为他提供其他表达情感的方法，比如，撕纸片。如果一个孩子把脏话作为自己日常用语的一部分，教师应该和他谈谈不恰当的字眼会让人产生怎样不好的感觉，以及可以用哪些更好的词语来代替。能和他的父母或监护人见一面或许会有更好效果。

- 寻求关注行为

如果一个孩子说脏话是为了寻求关注，请以冷静、简明的方式告诉他，他的语言是不可接受的，并告诉他有很多更恰当的方式可以获得你的关注。参见技巧 17“处理寻求关注行为”。

- 阅读疗法

为了帮助孩子理解并学会管理自己的情绪，可以向他们介绍一套书，比如关于感到难过的书。孩子们有时会发现很容易与书中的人物产生共鸣，这本身就能帮助他们理解自身的问题，并找出应对策略。

- 后续步骤

当认定学生做出上述行为，并尝试和实施了一种技巧后，你可能会发现该行为依然在发生。以下为针对此情况做出后续步骤的建议。

第一步　安排与家长或监护人见面，讨论孩子的行为以及解决问题的思路。

第二步　与特殊教育需求协调员或者其他国家同职能机构人员见面，探讨是否可以制定具体的、可量化目标的个人行为规划。

第三步　给予时间让他们改变自己的行为，小步骤会造就大变化。

第四步　记住，孩子各不相同，一个技巧并不适用所有问题。要尝试各种不同的技巧，直到找到最适合自己和任教班级的那一个。